100 jeux & activités

5 ans

pour fêter ton anniversaire !

AU HASARD

1 COCKTAILS GIVRÉS

Cette activité est à réaliser avec l'aide d'un adulte.

MATÉRIEL

• 20 cl de lait • sirop de menthe • glaçons pilés • shaker ou mixeur

1. Verser tous les ingrédients dans le shaker ou le mixeur. Doser la menthe pour que le lait ait une belle couleur verte (ou bleue).

2. Fermer le couvercle, secouer vivement ou appuyer sur le bouton !

3. Stopper tout au bout de 10 secondes : c'est prêt !

LES VERRES SUCRÉS

Verser une rasade de sirop dans une assiette. Étaler une couche de sucre dans une autre assiette. Tremper les bords de chaque verre d'abord dans le sirop, puis dans le sucre. Succès assuré pour cette jolie décoration de verres !

DES GLAÇONS RIGOLOS

Prendre un bac à glaçons vide et remplir les trous avec différents sirops. Placer au congélateur pour qu'ils durcissent. Voici de drôles de glaçons à faire fondre dans l'eau ! Pour varier les plaisirs et les couleurs, préparer des glaçons à l'eau et y glisser des fruits, des bonbons, des pétales de fleur ou des herbes aromatiques !

2

COMPLÈTEMENT TAMPONNÉS !

Cette activité est à réaliser avec l'aide d'un adulte.

MATÉRIEL

· pommes de terre · couteau
· essuie-tout · crayon bien taillé
· papier · encre ou gouache

1. Couper une pomme de terre en deux et la sécher avec de l'essuie-tout.

2. Sur une feuille de papier, tracer une lettre comme sur le modèle en appuyant fort (on doit pouvoir la voir par transparence en retournant la feuille). Attention ! La lettre doit être plus petite que la pomme de terre.

3. Poser la lettre à l'envers sur une demi-pomme de terre et faire des petits trous dans la pomme de terre avec la mine effilée du crayon en suivant la forme de la lettre.

4. Avec l'aide d'un adulte, évider au couteau la chair de la pomme de terre : autour et au centre de la lettre, si l'on veut que celle-ci soit en couleur ; à l'intérieur de la lettre si l'on veut que celle-ci apparaisse blanche et son contour en couleur.

5. Tremper la pomme de terre dans l'encre ou la gouache, comme un tampon.

6. L'appliquer sur une feuille de papier. On peut créer autant de tampons que l'on veut, pour rédiger des messages codés, par exemple !

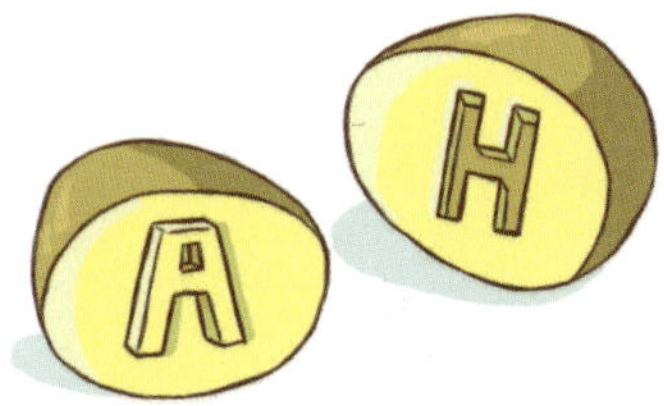

3

LE ROI DU SILENCE

JOUEURS

4 et plus

MATÉRIEL

· foulard · trousseau de clés · chaise

BUT DU JEU

Dérober les clés du roi et, pour le roi, se défendre en pointant du doigt celui qu'il entend.

1. Un joueur représentant le roi est tiré au sort. Il a les yeux bandés et est assis sur le trône, les bras croisés. Les clés sont posées derrière lui, par terre.

2. À tour de rôle, chaque joueur essaie de s'approcher le plus discrètement possible du roi pour lui voler les clés.

3. Dès que le roi entend le moindre bruit, il pointe son doigt en direction du voleur. S'il se trompe, le joueur continue, mais si le roi a visé juste, le joueur regagne sa place et un autre tente sa chance.

4. Si, au bout de 5 minutes, personne n'est parvenu à voler le trousseau de clés, le roi remporte la partie.

5. Si un joueur parvient à dérober les clés du roi, il prend sa place sur le trône.

LES MOULINS-À-VENT

4

Cette activité est à réaliser avec l'aide d'un adulte.

MATÉRIEL

· papiers de couleur
· règle · ciseaux · crayon à papier · gommettes
· pique en bois · peinture
· pinceau · bouchon de liège · épingle

1. Découper un carré de 21 cm de côté. Tracer les diagonales. Les marquer à 5 cm du centre. Découper sur les diagonales, de l'extérieur de la feuille jusqu'aux emplacements indiqués.

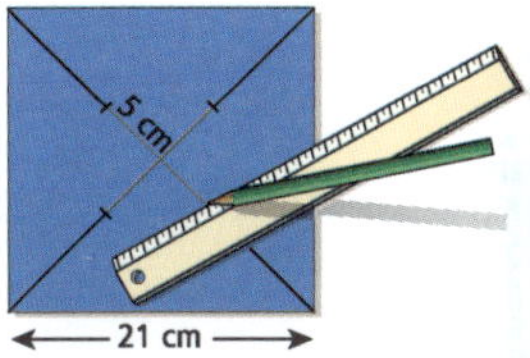

2. Plier les ailes. Fixer une gommette autocollante à l'arrière des ailes du moulin. Fixer une autre gommette sur l'avant. Décorer le tout.

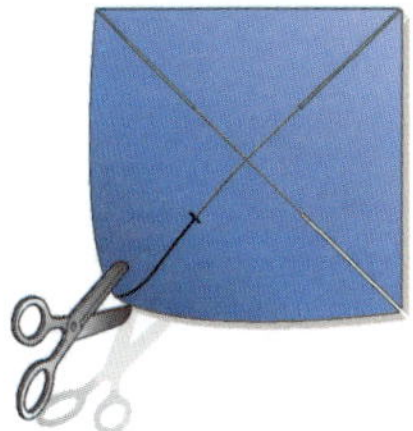

3. Peindre la pique en bois. La laisser sécher. Planter ensuite la pique dans le bouchon de liège.

4. Enfoncer l'épingle dans la gommette centrale en la laissant dépasser à l'arrière du moulin. La planter dans le bouchon.

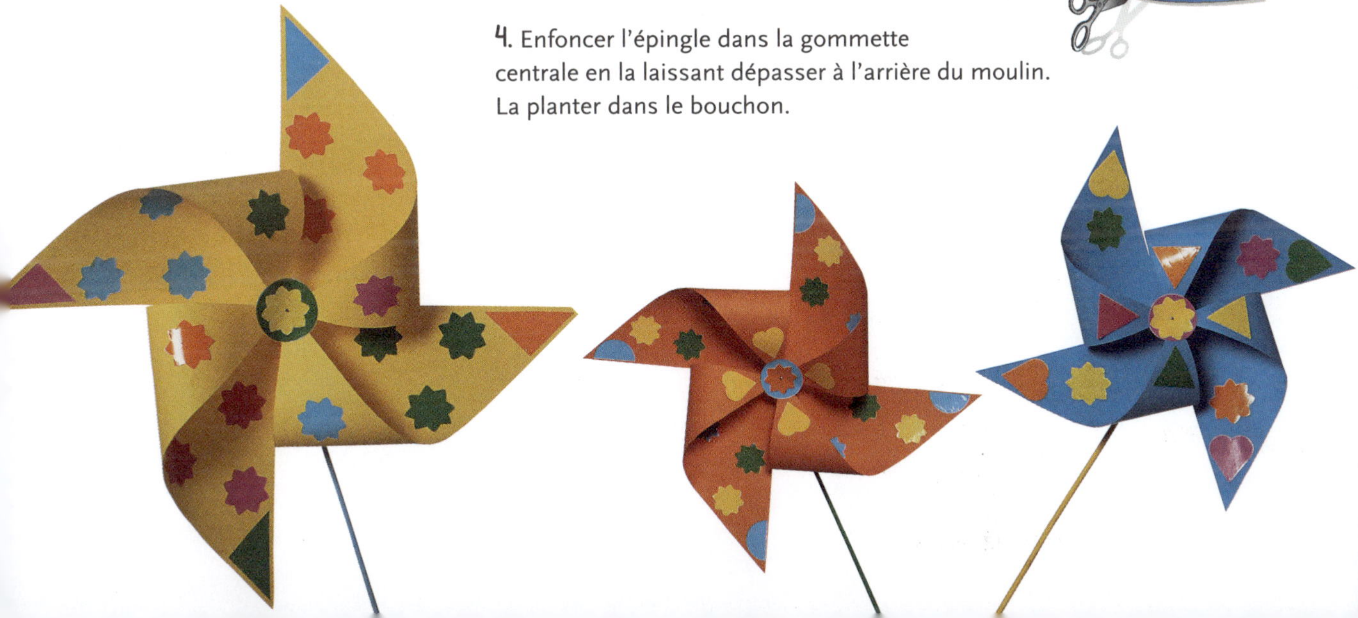

5

L'ARBRE DES QUATRE SAISONS

MATÉRIEL

· carton d'emballage (50 x 65 cm) · 2 rouleaux d'essuie-tout · papiers de couleurs · papier crépon (marron, vert, rouge, jaune, blanc) · papier journal · gouache · coton · boules de cotillon (diamètre = 3 cm) · pinceaux · ciseaux · ruban adhésif · colle universelle en gel · pâte adhésive · crayon à papier · papier-calque

1. Peindre le carton en bleu. Laisser sécher. Fixer les deux rouleaux d'essuie-tout avec de l'adhésif et les entourer de crépon vert. Les coller au bas du carton.

2. Pour le tronc, enrouler du papier journal et le torsader en affinant le haut. L'entourer de crépon marron. Rouler plusieurs largeurs de crépon marron et les torsader pour obtenir des branches plus ou moins grosses les recouper à différentes longueurs.

3. Coller le tronc sur le carton, puis les branches en commençant par les plus grosses.

4. Déchirer des feuilles dans du papier en tournant dans un sens, puis dans l'autre. Utiliser du vert pour les feuilles du printemps et de l'été ; du jaune, de l'orange et du marron pour celles de l'automne.

5. Pour les fleurs, découper de petites bandes de crépon blanc et jaune pour le printemps, rouge pour l'été. Les modeler en boulettes.

Automne · Été · Hiver · Printemps

6. Pour les oiseaux, entourer de crépon des boules de cotillon. Pour le nid, torsader du papier et le coller sur le fond. Fixer les éléments selon la saison à l'aide de pâte adhésive. Pour la neige, utiliser du coton blanc.

Maintenant que tout le monde a créé son arbre, le spectacle de la forêt enchantée peut commencer !

LE RELAIS VÊTU

6

JOUEURS

Nombre pair :

6 et plus

MATÉRIEL

- 1 vêtement par joueur

BUT DU JEU

S'habiller le plus vite possible pour être l'équipe la plus costumée.

1. Au sol, tracer deux lignes espacées de 10 m environ. Former deux équipes qui se placent chacune derrière une ligne.

2. Au centre du terrain sont entassés des vêtements en double exemplaire : 2 jupes, 2 chapeaux, 2 vestes, etc. (la liste est allongée suivant le nombre de joueurs).

3. Au signal du départ, les deux premiers joueurs s'élancent pour se coiffer d'un chapeau, puis reviennent en courant. Les seconds enfileront la jupe, les troisièmes la veste, etc.

4. Dès qu'un joueur arrive habillé derrière sa ligne, le coéquipier suivant enchaîne. Mais il est interdit de revenir avec n'importe quel vêtement ! Il faut respecter l'ordre imposé.

7 BRUITAGES

JOUEURS

3 et plus

BUT DU JEU

Mimer la conduite en l'accompagnant du bruitage correspondant.

1. Les joueurs sont assis en cercle. On désigne un meneur.

2. Celui-ci fait semblant de conduire un bolide à grand renfort de gestes (pieds en avant, épaules en arrière, mâchoires serrées et yeux plissés) et de bruitages (« *Vroumm !* »).

3. Le voisin reproduit à sa façon les gestes et les bruits. Il peut introduire des sons différents comme « *Iiiiiiii !* » pour imiter un coup de frein ou « *Tut tut* ! » pour le klaxon qui oblige à ralentir.

4. Le mime fait ainsi le tour de tous les joueurs.

ATTENTION !

Lorsqu'un joueur se sert de son frein, le jeu repart dans l'autre sens, et quand un joueur klaxonne, les « *Vroumm !* » doivent être plus discrets et la conduite plus souple.

LE TROMBINOSCOPE

8

MATÉRIEL

• vieux magazines en couleur • papier blanc épais (50 x 32,5 cm) • carton d'emballage de même format • feuille de carton ondulé à microcannelures (50 x 35 cm) • colle en bâton • colle universelle liquide • ciseaux • feutre noir • crayon à papier

1. Dessiner au crayon à papier une personne sur la feuille blanche, puis repasser les tracés au feutre noir. Le dessin doit remplir le plus possible la page.

2. Découper des morceaux de papier d'environ 2 cm dans les magazines et les trier par couleurs. Choisir des tons beiges pour la peau.

3. Coller les morceaux de papier suivant le dessin en les faisant se chevaucher pour recouvrir entièrement le blanc du papier.

4. Pour que le nez ressorte bien du reste du visage, en découper un dans du papier foncé, puis un autre, plus petit dans du papier clair. Coller le clair sur le foncé.

5. Coller le portrait sur le carton d'emballage avec de la colle universelle.

6. Dans la feuille de carton ondulé, découper un cadre en laissant des bordures de 6 cm. Coller le cadre sur le portrait en le centrant bien.

Lorsque tous les tableaux sont terminés, on peut les regrouper sur une table puis demander à chacun de présenter son chef d'œuvre.

9

LE CACHE-NEZ VACHE

MATÉRIEL

- crayon à papier
- papiers de couleur
- feutres et feutre fin noir
- ciseaux • colle • élastique blanc • papier-calque

1. Copier le modèle ci-dessous sur une feuille blanche ou de couleur. Marquer l'emplacement des taches, des yeux, des cornes, etc., au crayon à papier. Puis découper.

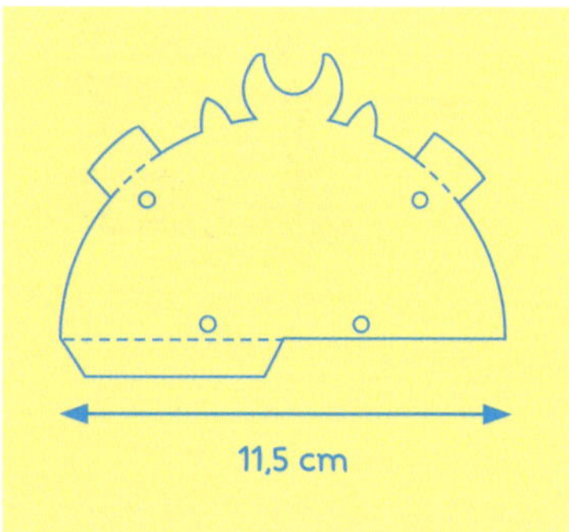

2. Colorier l'animal au feutre. Tracer les détails (yeux, bouche) au feutre fin noir. Percer quatre petits trous aux emplacements indiqués pour passer un élastique et pour pouvoir respirer.

3. Plier et encoller la languette. Former un cône. Maintenir le collage quelques minutes. Laisser sécher.

4. Mesurer le tour de tête de l'enfant et découper un morceau d'élastique légèrement plus long.

5. Passer l'élastique dans l'un des trous et le nouer à l'intérieur du cache-nez. Glisser l'autre extrémité de l'élastique dans l'autre trou.

6. Vérifier et ajuster la longueur de l'élastique avant de le nouer à l'intérieur du cache-nez.

LES COURSES

10

JOUEURS

2 et plus

MATÉRIEL

- bâtons, cannes ou parapluies

La course verticale

1. Les concurrents doivent parcourir une dizaine de mètres avec un bâton, une canne ou un parapluie posé verticalement en équilibre sur leur main tendue.

2. Suivre attentivement les mouvements du haut du bâton et réagir en conséquence : c'est le meilleur moyen de ne pas le faire tomber… et de gagner la course !

11

La course des dos ronds

1. Déterminer une ligne de départ et une ligne d'arrivée.

2. Les joueurs, pliés en deux, essaient d'avancer le plus vite possible en se tenant les chevilles.

12

La course dansée

1. Les poings posés sur les hanches, accroupis, les joueurs doivent se dandiner jusqu'au but en faisant un tour sur eux-mêmes tous les six pas.

2. Celui qui tombe doit retourner sur la ligne de départ.

ÂNES À FERRER

JOUEURS

3 et plus

MATÉRIEL

- 8 chaussures
- 2 chaises
- 2 foulards

BUT DU JEU

Trouver à tâtons les quatre fers de son âne pour pouvoir le chevaucher.

1. Placer deux chaises au milieu de la pièce et éparpiller quatre paires de chaussures dans un espace délimité. Les chaises représentent les ânes. Elles doivent se distinguer l'une de l'autre afin que les joueurs puissent reconnaitre leur monture, même en ayant les yeux bandés. Les chaussures sont les « fers » des ânes.

2. Tirer au sort deux joueurs et leur bander les yeux. Les autres joueurs se placent sur le côté pour observer la scène.

3. Au signal, les joueurs « aveugles » se mettent à quatre pattes et partent à la recherche des chaussures (les fers). Ils ne peuvent en prendre qu'une à la fois.

4. Dès qu'ils en ont trouvé une, les joueurs tentent de retrouver leur monture pour placer la chaussure sous l'un de ses pieds. Puis ils repartent à la recherche d'une autre chaussure... jusqu'à ce qu'ils aient fini de ferrer leur âne.

5. Chaque joueur peut prendre un fer déjà posé sous l'âne de son adversaire. Mais il n'a pas le droit d'attraper celui que l'autre joueur a déjà dans la main.

6. Le gagnant est celui qui est parvenu à ferrer les quatre pieds de son âne. Il peut alors chevaucher sa monture. Deux nouveaux joueurs entrent alors en piste.

LE CHAMBOULE-TOUT

JOUEURS

2 et plus

MATÉRIEL

· 10 boîtes de conserve vides · balles de caoutchouc · table

BUT DU JEU

Lancer des balles pour faire dégringoler une pyramide de boîtes de conserve.

1. Sur une table, former une pyramide à trois étages avec les boîtes de conserve (4 + 3 + 2 + 1).

2. Les joueurs se placent à quelques mètres de l'échafaudage. Chacun a le droit à trois lancers pour détruire la pyramide.

3. Toute boîte non touchée ôte 1 point au joueur. Celui qui fait chuter toutes les boîtes en un lancer gagne 10 points. En deux lancers, 5 points ; en trois lancers, 2 points.

4. Le gagnant est, bien sûr, celui qui obtient le plus grand nombre de points.

5. Pour rendre le jeu plus difficile, on peut tirer avec des balles plus petites ou bien reculer la ligne de tir !

15 SA MAJESTÉ

JOUEURS

4 et plus

MATÉRIEL

- 1 chaise

BUT DU JEU

Sa Majesté doit rester de marbre tandis que ses courtisans tentent de la faire rire, sans la chatouiller, bien sûr !

1. Le trône est placé au milieu de la pièce afin d'être bien visible. Un joueur représentant le roi ou la reine s'y installe. Les autres joueurs sont les courtisans.

2. À tour de rôle, les courtisans apportent au souverain un cadeau en faisant des grimaces et en disant des formules rigolotes. Le cadeau doit être très simple : un papier de bonbon, un cheveu, un bouchon de bouteille, etc.

3. Le joueur qui parvient à faire rire Sa Majesté la remplace.

LE LANCER DE CRAYON

16

JOUEURS

2 et plus

MATÉRIEL

- crayons
- 1 craie ou 1 bâton

BUT DU JEU

Effectuer le meilleur lancer.

1. Tracer une marque (le point de tir) sur le sol. Tracer une ligne à 2 ou 3 m de cette marque.

2. À tour de rôle, les joueurs prennent position sur la marque, font trois moulinets du bras et lancent leur crayon vers la ligne.

ATTENTION !

Un objet léger est difficile à lancer loin. Pour y parvenir, il faut contrôler son élan.

VARIANTE

Pour changer, vous pouvez, à l'aide de lignes, tracer un carré sur le sol et tenter de lancer à l'intérieur des assiettes en carton.

17

LE PAUVRE PETIT CHAT MALADE

JOUEURS

4 et plus

MATÉRIEL

• 1 chaise

BUT DU JEU

Ne pas se laisser distraire par le petit chat, ce n'est pas toujours facile !

1. Les joueurs, sauf un qui fait le petit chat, sont assis sur des chaises et forment un cercle.

2. Le chat doit circuler à quatre pattes autour des joueurs. Il en choisit un et tente de le faire rire en miaulant, en grimaçant et en se frottant trois fois contre ses jambes.

3. Le joueur désigné doit à chaque fois caresser le dos du chat et lui dire « Pauvre petit chat malade ! » en gardant son sérieux. En revanche, les autres joueurs ont le droit de rire.

4. Si le joueur parvient à rester sérieux, le chat va trouver un autre joueur. Dans le cas contraire, il prend la place du chat.

LES LÉZARDS

JOUEURS

4 et plus

MATÉRIEL

· de la ficelle · 1 pince à linge par joueur

BUT DU JEU

Arracher la queue des autres lézards tout en gardant la sienne !

1. À l'aide de la pince à linge, attacher une ficelle au bas du dos de chaque joueur. Cette queue de lézard doit traîner d'environ 20 cm sur le sol.

2. Au signal du départ, tous les lézards essayent de se marcher sur la queue !

3. Le lézard qui a perdu sa queue est éliminé, le dernier à l'avoir gardée est le gagnant.

LE COURANT ÉLECTRIQUE

JOUEURS

8 et plus

BUT DU JEU

Être le plus discret possible pour tromper l'attention du contrôleur.

1. Les joueurs, assis, forment un cercle et se tiennent par la main. L'un d'eux joue le rôle du contrôleur et se tient debout au centre du cercle.

2. Un joueur annonce : « Je passe le courant à… » et donne le prénom de l'un de ses camarades. En même temps, il presse discrètement la main de l'autre de ses voisins sans se faire repérer par le contrôleur.

3. Le joueur qui sent qu'on lui presse la main fait de même avec son autre voisin, et ainsi de suite jusqu'à ce que le courant parvienne jusqu'au joueur désigné. Celui-ci imite alors le bruit d'une sonnerie et, à son tour, « passe le courant » à un autre joueur.

4. Le contrôleur doit découvrir par où passe le courant. S'il voit un joueur presser la main de quelqu'un, il dit « Stop ! ». Les deux joueurs échangent alors leurs rôles.

VARIANTE

Les joueurs peuvent jouer les mains dans le dos ou devant eux.

L'ARCHE DE NOÉ

JOUEURS

9 et plus

MATÉRIEL

- papier
- crayon

BUT DU JEU

Trouver son partenaire en suivant le cri de l'animal.

1. Tirer au sort un meneur de jeu. Il va écrire sur des morceaux de papier, en double exemplaire, des noms d'animaux au cri reconnaissable (chat, chien, singe, mouton, corbeau, grenouille, cheval, vache, cochon, lion, abeille, etc.)

2. Le meneur distribue ensuite un bout de papier à chacun des joueurs. Au signal du départ, tous les joueurs poussent ensemble le cri de l'animal qui leur a été attribué afin de retrouver leur partenaire. Ils ne doivent pas parler, mais juste pousser le cri de l'animal.

3. Lorsqu'un joueur a trouvé son partenaire au milieu de cette cacophonie, le duo cesse de crier et se réunit dans un coin de la pièce. Le dernier duo à se former perd la partie.

21

AU FEU !

JOUEURS

5 et plus

BUT DU JEU

Lorsque le terrier brûle, il faut très vite en trouver un autre… au risque, sinon, de se retrouver sans toit !

1. Tirer au sort un « pauvre lièvre sans terrier ».

2. Les autres joueurs choisissent chacun un petit recoin, un muret, une branche basse, etc., qui sera leur maison.

3. Lorsque le « pauvre lièvre sans terrier » s'écrie : « Au feu ! », tous les joueurs doivent changer de maison tandis que le joueur du centre s'arrange pour trouver un toit.

4. Le joueur qui reste sans maison se met au centre et s'écrie alors : « Au feu ! »

ATTENTION !

On ne peut se réfugier que dans une maison déjà existante. Il est impossible de se créer un logis en cours de partie, sous prétexte qu'on ne trouve pas de refuge.

LES ANIMAUX DE NOÉ

JOUEURS
10 à 20

BUT DU JEU

Un animal « reconnu » doit échapper à son poursuivant.

1. Noé marche autour d'un cercle de joueurs qui se tiennent debout. Puis il touche l'épaule de l'un d'eux et lui demande : « J'ai perdu un de mes animaux. Peux-tu m'aider ? »

2. Le joueur répond : « De quel animal s'agit-il ? » Noé décrit l'un des joueurs.

3. Dès qu'il le reconnaît, le joueur interrogé nomme le joueur « animal perdu », qui se sauve alors autour du cercle, poursuivi par celui qui vient de l'identifier.

4. Si le joueur poursuivi regagne sa place sans avoir été touché par son poursuivant, il devient Noé. Sinon c'est le poursuivant qui devient Noé.

23

LA QUEUE DE L'ÂNE

JOUEURS

2 et plus

MATÉRIEL

· grande feuille blanche · crayons de couleur · punaises · ruban adhésif double face · ficelle · foulard · stylo

BUT DU JEU

Placer la queue de l'âne au bon endroit.

1. Dessiner un âne sur une grande feuille et l'accrocher au mur.

2. Fixer un morceau de ruban adhésif double face à l'extrémité d'un bout de ficelle : c'est la queue de l'âne.

3. Bander les yeux d'un joueur. Le faire tourner trois fois sur lui-même, puis le diriger vers le dessin et lui demander d'aller coller la queue au bon endroit. Le meneur de jeu fait une marque au stylo à l'endroit où chaque joueur colle la queue et écrit son prénom à côté.

4. Celui qui a visé au plus juste est le gagnant !

VARIANTE

On peut aussi dessiner un clown : le but du jeu est alors de lui coller son nez rouge au bon endroit !

LE CHAT ET LA SOURIS 24

JOUEURS
11 et plus

BUT DU JEU

Le chat doit attraper la souris... mais attention : elle peut ruser !

1. Les joueurs forment un cercle en se tenant par la main. La souris se met à l'intérieur du cercle, le chat à l'extérieur.

2. Au signal, la souris tente d'échapper au chat en passant et repassant sous les mains des autres joueurs.
Attention ! Le chat doit suivre exactement le même parcours qu'elle.

3. Si le chat se trompe, il a un gage ; s'il parvient à rattraper la souris, c'est lui qui devient la souris.

VARIANTE

En chaîne

1. Former au moins trois rangs de trois ou quatre joueurs se tenant les mains en ligne. Le chat poursuit la souris entre les rangs.

2. Quand le meneur de jeu s'écrie : « Tournez ! », tous les joueurs font un quart de tour à droite et prennent la main de leurs nouveaux voisins. Le chat et la souris sont alors obligés de changer leur itinéraire !

25

LE DAUPHIN

JOUEURS

5 et plus

BUT DU JEU

Faire sauter les animaux et surtout les dauphins !

1. Celui qui connaît les règles est le meneur. Les joueurs se tiennent debout, en cercle, et s'accrochent les uns aux autres par les bras.

2. Le meneur murmure à chaque joueur un nom d'animal marin, mais il doit donner celui de « dauphin » à un joueur sur deux. Attention ! Il ne faut pas que les autres entendent...

3. Le meneur se place au centre du cercle. Puis il appelle les noms d'animaux un par un. La personne désignée doit, à l'appel de son nom, se laisser tomber par terre, tout en étant retenue par les bras de ses voisins.

4. À la fin, lorsque tous les autres animaux ont été appelés, le meneur appelle le « dauphin ». Tous les joueurs restés debout vont alors se laisser tomber, mais il n'y aura plus personne pour les retenir. Fou rire général !

GRIMACES

26

JOUEURS

5 et plus

BUT DU JEU

Répéter le plus sérieusement possible ce que son voisin a dit. Pas facile lorsqu'il faut y ajouter des grimaces !

1. Le jeu commence comme le téléphone arabe. Les joueurs forment un cercle.

2. Le premier joueur dit à son voisin une phrase idiote accompagnée d'une grimace.

3. Tour à tour, les joueurs répètent la phrase et reproduisent la grimace le plus fidèlement possible tout en gardant leur sérieux. Celui qui éclate de rire doit faire repartir le jeu avec une nouvelle phrase et une autre grimace.

CHARADE

27

Mon premier aime le lait.
Mon second est le contraire de tard.
Mon tout est un monument fortifié.

RÉPONSE : château (chat-tôt).

28 LES MARIOCHAUSSETTES

MATÉRIEL

· vieilles chaussettes · élastiques en caoutchouc · coton · morceaux de feutrine · brins de laine · chutes de tissu · ciseaux · colle · fil · aiguille

1. Remplir le fond de chaque chaussette avec du coton pour faire une tête. Puis la resserrer au niveau du cou par un élastique, juste assez pour que l'index puisse se glisser à l'intérieur.

2. Découper des ronds dans la feutrine pour faire deux yeux et un nez. Les coudre (ou les coller) sur la tête de la marionnette. Pour représenter un animal, faire aussi des oreilles. Utiliser des brins de laine pour faire des cheveux, une moustache, une crinière... Les fixer sur la chaussette avec le fil et l'aiguille. Habiller la marionnette avec des chutes de tissu.

3. Donner un petit coup de ciseaux dans le talon de la chaussette et sur l'épaule du personnage pour y glisser les doigts. La marionnette est prête.

4. Faire d'autres personnages et créer une pièce de théâtre !

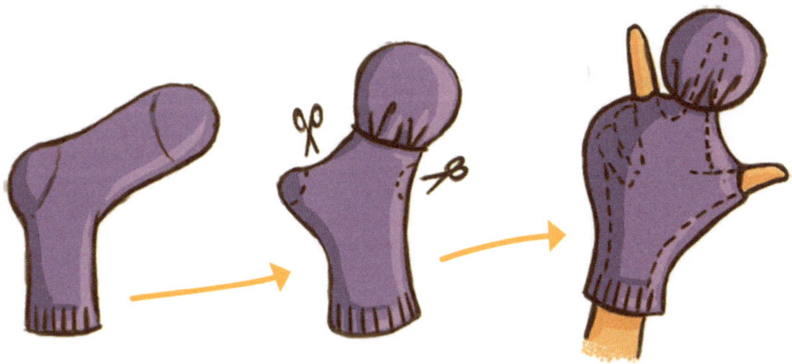

1, 2, 3, SOLEIL… ET PAN !

JOUEURS

5 et plus

BUT DU JEU

Arriver au but sans se faire repérer.

Il faut jouer dans un endroit où l'on peut trouver des cachettes (une allée bordée d'arbres, par exemple).

1. Définir un parcours avec un point de départ et un point d'arrivée.

2. Tirer au sort une « sentinelle », qui se place au point d'arrivée, dos au parcours. Les autres joueurs se placent sur la ligne de départ.
La sentinelle crie : « 1, 2, 3… », puis se retourne sur le mot : « Soleil ! »

3. Tous les joueurs doivent être cachés. Si la sentinelle en aperçoit un : « Pan ! », celui-ci est blessé et fait prisonnier. Puis elle recommence à compter, et ainsi de suite !

4. Le premier arrivé sans avoir été repéré par la sentinelle a gagné.

30 L'AUTOPORTRAIT

JOUEURS

3 et plus

MATÉRIEL

- sacs en papier unis suffisamment grands pour pouvoir y entrer la tête (ou papier kraft pour en fabriquer)
- marqueurs ou gros feutres
- ciseaux

BUT DU JEU

Dessiner à l'aveugle son autoportrait.

1. Distribuer un sac en papier à chaque joueur et y découper deux trous pour les yeux.

2. Disposer les feutres sur la table. Les joueurs prennent place autour de la table et enfilent le sac sur leur tête.

3. Avec les feutres, ils doivent dessiner leur autoportrait sur leur propre sac en 5 minutes maximum : yeux, sourcils, nez, bouche, oreilles et cheveux au-dessus du front.

4. Exposer ensuite les « autoportraits ». Le vainqueur est celui (ou celle) dont le dessin ressemble le plus à son auteur.

ATTENTION !

Il est absolument interdit d'utiliser des sacs en plastique.
C'est très dangereux (risque d'étouffement) et beaucoup moins efficace.

LAPINS ET CHASSEURS

JOUEURS

10 À 40

MATÉRIEL

• balle • craie

BUT DU JEU

Les chasseurs doivent toucher les lapins avec une balle.

1. Tracer sur le sol un grand cercle. Les deux tiers des joueurs sont les chasseurs, placés autour du cercle. Les lapins sont à l'intérieur.

2. Les chasseurs essaient, tour à tour, de tirer sur les lapins, qui esquivent la balle en courant dans tous les sens. Il est interdit aux lapins de sortir du cercle, et aux chasseurs d'y pénétrer, sous peine d'élimination.

3. Un lapin touché devient un chasseur et rejoint l'équipe extérieure. Le jeu cesse lorsqu'il ne reste plus qu'un lapin.

ATTENTION !

Il est interdit de viser la tête.

32 LE JEU DU DRAP

JOUEURS

3 et plus

MATÉRIEL

• 1 grand drap

BUT DU JEU

Deviner qui se cache derrière le drap.

1. Tendre le drap à travers la chambre.

2. Former deux équipes de quatre joueurs au minimum.
L'une des deux équipes va se cacher derrière le drap.
L'autre reste de l'autre côté et s'assied par terre.

3. Chaque joueur de l'équipe cachée s'avance à son tour derrière le drap et laisse juste dépasser, en bas, ses chaussures ou davantage (pantalon, jupe ou jambes), sur le côté sa main ou un morceau de sa manche, etc.
L'équipe assise de l'autre côté doit essayer de deviner qui se cache derrière le drap. Si elle y réussit, elle gagne 1 point. Lorsque tout le monde est passé, les équipes inversent les rôles.
L'équipe ayant remporté le plus de points a gagné.

LA BALLE AU MUR

JOUEURS

Nombre pair : 2 et plus

MATÉRIEL

• 1 balle • 1 craie

BUT DU JEU

Attraper et envoyer la balle sans relâche.

1. Sur un mur, tracer, à partir du sol, un rectangle de 6 m de long sur 1 m de haut. Tracer au sol une ligne à environ 4 m du mur. Les joueurs se tiennent derrière.

2. Si les joueurs sont plus de deux, former deux équipes.

3. Un joueur lance la balle sur le mur au-dessus du rectangle. Son adversaire doit alors l'attraper, soit au vol, soit après un rebond, puis l'envoyer sur le mur, etc.

4. Compter 1 point par faute. Le joueur qui cumule le plus de points perd la partie.

LES FAUTES

- Envoyer la balle hors des limites de la zone de jeu.
- Envoyer la balle dans le rectangle.
- Franchir la ligne tracée sur le sol.

34 LE DESSINARY

JOUEURS

5 et plus

MATÉRIEL

· papiers · crayons
· corbeille

BUT DU JEU

Faire deviner un mot en le dessinant.

1. Désigner (ou tirer au sort) un meneur de jeu.
Celui-ci va préparer des petits papiers en y inscrivant des noms d'objets, d'animaux ou d'actions et les placer dans une corbeille.

2. Former des équipes de deux à quatre joueurs et distribuer du papier et un crayon à chacune d'elles. Chaque équipe désigne la première personne qui dessinera.

3. Le meneur pioche un papier et le montre aux dessinateurs sans que les autres membres de l'équipe le voient. Le mieux est que ceux-ci se retournent.

4. Les dessinateurs doivent dessiner le mot inscrit sur le papier pour le faire deviner le plus vite possible à leur équipe. Il leur est strictement interdit de parler ou de mimer.

5. Toutes les équipes jouant en même temps, la première qui trouve remporte le point. Le jeu continue en piochant de nouveaux mots et en changeant de dessinateur à chaque tour.

LA CHAISE MUSICALE

JOUEURS

4 et plus

MATÉRIEL

• chaises • musique

BUT DU JEU

Réussir à s'asseoir sur une chaise lorsque la musique s'arrête.

1. Installer, en cercle dos à dos, autant de chaises qu'il y a de joueurs, moins une.

2. Le meneur de jeu lance la musique. Les joueurs tournent autour des chaises.

3. Au moment qu'il choisit, le meneur coupe la musique. Les joueurs doivent vite s'asseoir sur une chaise. L'un d'eux reste inévitablement debout : il est éliminé.

4. Le meneur retire une autre chaise. Et ainsi de suite jusqu'à ce qu'un seul joueur reste en jeu : il a gagné !

36

LE BÉRET

BUT DU JEU

Rapporter le béret dans son camp, sans être touché.

JOUEURS

6 et plus

MATÉRIEL

1 béret (ou à défaut 1 foulard, 1 casquette ou un simple torchon)

1. Former deux équipes au nombre égal de joueurs. S'il y a un nombre impair de joueurs, tirer au sort un arbitre. Sinon, demander à un adulte de faire l'arbitre.

2. Les deux équipes se rangent face à face sur deux lignes parallèles, distantes de 10 à 15 m. Les joueurs de chaque équipe portent chacun un numéro. Le joueur 1 de l'équipe A est positionné en face du joueur 1 de l'équipe B, etc. Au centre de l'espace qui sépare les deux équipes, l'arbitre pose le béret. Les joueurs placent alors une main dans leur dos ; durant le jeu, ils n'auront le droit d'utiliser que celle qui reste libre.

3. L'arbitre commence par appeler un numéro au hasard, le 3 par exemple. Les deux joueurs correspondant au n°3 se précipitent au centre pour s'emparer du béret et le rapporter dans leur camp. Attention ! Ils ne doivent surtout pas se faire toucher par leur adversaire.

QUELQUES RÈGLES

- Un joueur marque 1 point quand il réussit à revenir dans son camp avec le béret sans être touché ou lorsqu'il touche son adversaire porteur du béret.
- Si l'arbitre crie soudain « Salade ! », tout le monde doit se précipiter au centre en même temps !
- La partie se termine lorsque chaque numéro a été appelé deux fois. L'équipe qui a marqué le plus de points a gagné.

LA CHANDELLE

JOUEURS

8 à 20

MATÉRIEL

- mouchoir

BUT DU JEU

Être rapide et sur ses gardes pour ne pas « être chandelle ».

1. Le « semeur » court autour d'un cercle de joueurs debout et lâche discrètement son mouchoir derrière l'un d'eux.

2. Si la victime s'en aperçoit, elle ramasse le mouchoir et poursuit le semeur, qui doit terminer le tour du cercle pour prendre la place libre. S'il y parvient, les deux joueurs échangent leur rôle, mais s'il est rattrapé, le semeur doit trouver une nouvelle proie.

3. Si le semeur fait le tour du cercle sans que sa proie ait repéré le mouchoir derrière elle, il pose la main sur l'étourdi et lui crie : « Chandelle ! » La chandelle va alors se placer au centre du cercle.

4. Le semeur reprend alors sa course et pose le mouchoir derrière un autre joueur... ou derrière la chandelle ! Si celle-ci ne s'aperçoit encore de rien, elle est « double chandelle » et a un gage.

5. La chandelle ne peut être délivrée que si un autre joueur prend sa place.

38 PIGEON VOLE

JOUEURS

4 et plus

BUT DU JEU

Ne pas confondre les animaux, sinon c'est perdu !

1. Les joueurs s'assoient en cercle.

2. Le meneur de jeu énonce à voix haute des noms d'animaux.
À chaque nom d'animal volant, les joueurs doivent lever la main.
Sinon, ils doivent absolument la garder baissée.

3. Celui qui lève la main sans raison reçoit un gage.
Pour que ce soit amusant, il faut aller vite.

ATTENTION !

Le meneur de jeu peut induire les joueurs en erreur en levant la main quand il ne le faut pas.

LA RANGETTE

JOUEURS

2 à 8

MATÉRIEL

• billes • craie

BUT DU JEU

Gagner le maximum de billes en les faisant sortir d'un espace donné.

1. Tracer sur le sol un triangle plus ou moins grand selon le nombre de joueurs (40 cm de large minimum). Les joueurs déposent à l'intérieur du triangle le même nombre de billes, placées à intervalles réguliers.

2. À 2 ou 3 m de la figure, tracer une ligne de tir. Les joueurs s'agenouillent derrière.

3. À tour de rôle, chacun lance une bille afin d'éjecter hors du triangle le maximum de billes.

4. Toutes les billes sorties du triangle appartiennent au tireur, qui a le droit de rejouer avec sa bille, de l'endroit où celle-ci s'est arrêtée. Mais si elle est restée dans le triangle, le joueur ramasse les billes sorties et passe son tour. Si le tireur n'a sorti aucune bille du triangle, il passe également son tour.

5. Continuer à jouer jusqu'à ce qu'il ne reste plus une seule bille dans le triangle.

COMMENT LANCER UNE BILLE ?

On peut lancer les billes de plusieurs manières. Voici les deux méthodes principales :

- Poser la bille par terre et la projeter vers la cible en la frappant avec l'index, le majeur ou l'annulaire.
- Placer la main au-dessus du sol. Poing fermé, caler la bille entre l'ongle du pouce et l'index recourbé. Détendre le pouce d'un coup sec pour lancer la bille.

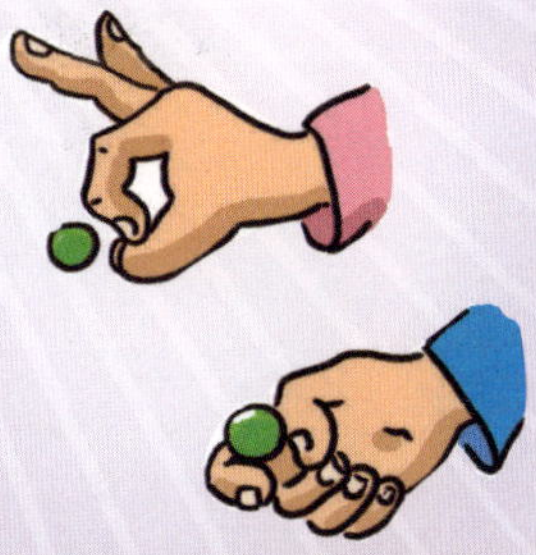

40

LE SCULPTIONARY

JOUEURS

7 et plus

MATÉRIEL

- pâte à modeler
- papiers
- crayon
- corbeille

BUT DU JEU

Faire deviner un mot en le sculptant avec de la pâte à modeler.

1. Désigner (ou tirer au sort) un meneur de jeu. Celui-ci va préparer des petits papiers en y inscrivant des noms d'objets ou d'animaux et les placer dans une corbeille.

2. Former des équipes de trois joueurs et distribuer un petit bloc de pâte à modeler à chacune d'elles. Chaque équipe désigne la première personne qui sculptera.

3. Le meneur de jeu pioche un papier et le montre aux sculpteurs sans que les autres membres de l'équipe le voient. Le mieux est que ceux-ci se retournent.

4. Les sculpteurs doivent modeler l'objet ou l'animal inscrit sur le papier pour le faire deviner le plus vite possible à leur équipe. Il leur est strictement interdit de parler ou de mimer.

5. Toutes les équipes jouent en même temps, et la première qui trouve remporte le point. Le jeu continue en piochant de nouveaux mots et en changeant de sculpteur à chaque tour.

LE CHASSEUR

JOUEURS
6 à 20

BUT DU JEU

Trouver, puis toucher l'un des joueurs avant qu'il atteigne le but.

1. Choisir un arbre qui sera le point de départ et le but. Le chasseur, la tête appuyée contre l'arbre, compte jusqu'à 100 tandis que ses camarades vont tous se cacher.

2. Arrivé à « 98, 99, 100 ! », qu'il prononce très fort pour prévenir les autres, il part à leur recherche.

3. Dès qu'un joueur est débusqué, il court pour rejoindre le but, poursuivi par le chasseur. Les autres joueurs sortent aussi de leur cachette et courent jusqu'au but. Le chasseur doit tenter d'en attraper un.

4. Si un joueur est attrapé, il sera le chasseur au prochain tour. Si tous les joueurs échappent au chasseur, celui-ci reprend son rôle et compte à nouveau.

42

BOÎTE MOSAÏQUE

MATÉRIEL

- petite boîte en carton ou en bois
- peinture acrylique
- pinceaux
- bols
- 2 œufs (pour le décor d'une boîte)
- colle en bâton
- vernis
- pinceau
- papier-calque
- crayon à papier

1. Peindre le couvercle de la boîte en rose et le fond en violet. Laisser sécher.

2. Casser deux œufs au-dessus d'un bol*. Garder les coquilles et les laver délicatement à l'eau. Une fois sèches, peindre l'extérieur de deux demi-coquilles en rose, d'une demi-coquille en jaune et la dernière en vert. Laisser sécher.

3. Avec un calque et un crayon à papier, reporter un motif sur le couvercle de la boîte, une fleur par exemple. Casser les coquilles en petits morceaux.

4. Remplir le motif en collant les morceaux de coquilles. Laisser un petit espace entre les morceaux selon la technique de la mosaïque ; recasser des morceaux, au besoin, pour combler des espaces.

5. Laisser sécher la colle, puis passer deux couches de vernis.

* Ne pas jeter les blancs et les jaunes d'œufs, qui pourront servir à faire le gâteau d'anniversaire.

ANIMAUX RIGOLOS

43

MATÉRIEL

• peinture au doigt ou gouache de différentes couleurs • pinceau • palette ou assiette en carton • Scotch • papier épais de couleurs claires • chiffon • eau • savon

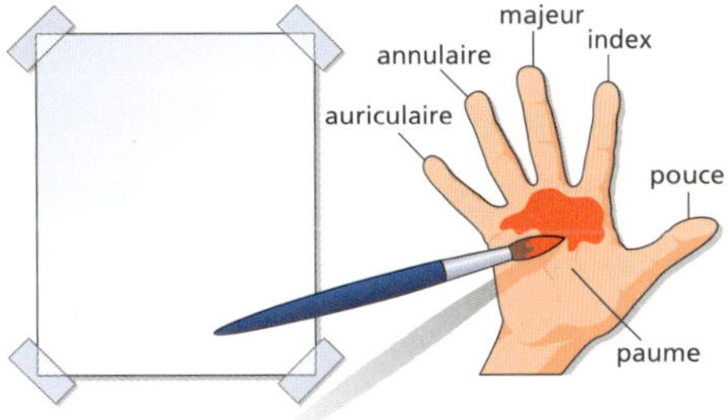

LA TECHNIQUE

1. Scotcher une feuille de papier épais aux quatre coins sur une table.

2. Utiliser la peinture non diluée. Peindre la main ou une partie avec un pinceau. Appliquer la main sur la feuille. Bien laver et sécher la main avant de renouveler l'opération.

Poule

1. Peindre entièrement la main et l'appliquer sur la feuille. Laver et sécher la main.

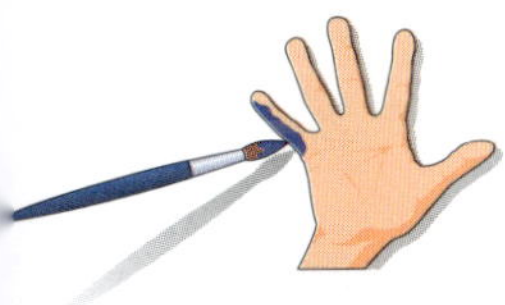

2. Peindre le côté extérieur de l'auriculaire, puis l'appliquer quatre fois pour chaque patte et une fois pour le bec. Rajouter de la peinture pour chaque application.

3. Peindre le bout de l'index et l'appliquer cinq fois pour la crête, les barbillons et le cou.

Papillons

1. Peindre l'index et l'appliquer pour représenter le corps.

2. Peindre et appliquer deux fois le bout du pouce pour les ailes supérieures et le bout de l'index pour les ailes inférieures.

3. Peindre et appliquer deux fois le côté de l'auriculaire pour les antennes.

44

LE MOBILE

MATÉRIEL

- différents papiers (vitrail, fin, brillant)
- mousse en plaque
- bâtons en bois (48 cm et 2 x 22 cm)
- éponge grattante
- pompons (orange et brillants)
- plumes
- gel pailleté doré
- fil de Nylon
- peinture et pinceau
- ciseaux

1. Peindre les bâtons en alternant les couleurs. Laisser sécher et coller un pompon à chaque extrémité.

2. Tracer et découper une étoile et une fleur en papier, puis un cœur en mousse. Décorer la fleur avec du gel pailleté.

3. Tracer deux spirales sur le papier vitrail et les découper. Puis découper deux ronds dans l'éponge grattante. (diamètre de 4 et 6 cm)

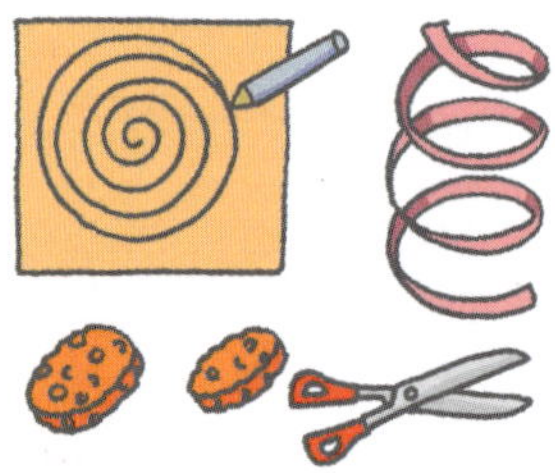

4. Accrocher les éléments ensemble à l'aide du fil de Nylon.

5. Nouer un fil au milieu de chaque bâton, puis attacher les petits bâtons aux extrémités du grand.

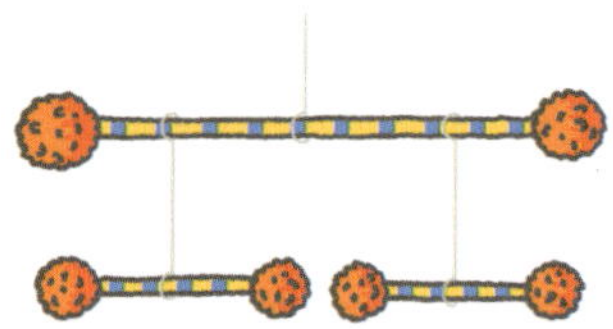

6. Accrocher les fils des objets aux bâtons sans serrer les nœuds. Équilibrer le mobile en déplaçant les fils, puis serrer les nœuds.

CHAT !

45

JOUEURS
4 à 10

BUT DU JEU

Une souris touchée devient le chat à son tour…

Chat classique

Les souris tentent d'échapper au chat. La première touchée devient le chat !

VARIANTES

Chat blessé

Un joueur devenu le chat doit courir après les souris en gardant une main posée sur l'endroit où le chat précédent l'a touché. Mieux vaut bien viser pour forcer le chat à courir dans une position difficile à tenir !

Double chat

Chats et souris se déplacent par deux en se tenant la main. Solidaires, lorsqu'un membre d'une « paire » de souris se fait toucher, les deux deviennent des chats !

Chat perché

1. Au cri de : « Le dernier perché est le chat ! », tous les joueurs se cherchent un perchoir. Le dernier à en trouver devient un chat.

2. Dès qu'un nouveau chat entre en jeu, les joueurs doivent changer de perchoir. De toute façon, il est interdit de rester plus de 10 secondes sur le même perchoir !

3. Le chat profite de ce moment pour toucher un joueur. S'il y parvient, celui-ci devient un chat à son tour.

46 L'ÉCHEVEAU

JOUEURS
12 à 30

BUT DU JEU

Le « démêleur » doit, sans les toucher, tenter de démêler les autres joueurs, surprise et pagaille en perspective !

1. Élire un « démêleur ».

2. Au cri de « Mêlez-vous ! », tous les autres joueurs se placent les uns sur les autres en s'emmêlant le plus possible.

3. Le démêleur doit alors démêler cette masse humaine en guidant les joueurs : « Jules, rampe sur le côté ! Nadia, replie tes coudes ; Noé, rapproche tes pieds ! », etc.

4. S'il parvient à démêler « le tas » en moins de 3 minutes (4 ou 5 minutes si les joueurs sont plus nombreux), tous les joueurs portent le démêleur en triomphe !

BATTLE DE MIMES

JOUEURS

4 à 8

BUT DU JEU

Une partie de mimes endiablée ! Qui en sortira gagnant ?

MIMER
UN POLICIER QUI RÉGULE
LA CIRCULATION.

MIMER UN NAGEUR
QUI ALTERNE LA BRASSE
ET LE CRAWL.

MIMER UNE PERSONNE QUI TENTE
DE CHASSER UN MOUSTIQUE.

MIMER UN PILOTE AUTOMOBILE
AU VOLANT DE SA FORMULE 1.

MIMER UN GORILLE QUI SE
FRAPPE LA POITRINE.

MIMER UN SERVEUR
DE CAFÉ QUI PORTE UN PLATEAU
CHARGÉ DE VERRES.

MIMER UN ROBOT QUI...
NE MARCHE PAS !

MIMER QUELQU'UN
QUI JOUE AU YO-YO.

MIMER UN ATHLÈTE QUI
SOULÈVE DES HALTÈRES.

MIMER UNE PERSONNE
QUI TENTE DE SE DÉBARRASSER
D'UN SPARADRAP
QUI LUI COLLE AU DOIGT.

48

L'ÉPERVIER

JOUEURS

7 et plus

BUT DU JEU

Être plus rapide que l'épervier.

1. L'« épervier » (il peut y en avoir plusieurs) se place au milieu du jardin. Tous les autres joueurs (les « lapins ») se rangent à une extrémité du jardin (le camp 1), derrière une ligne imaginaire.

2. Au signal (« 1, 2, 3, épervier, sortez ! »), les lapins s'élancent pour traverser le jardin jusqu'à l'autre extrémité (le camp 2). Attention à ne pas se faire attraper !

3. Au signal suivant, les lapins doivent courir du camp 2 au camp 1, et ainsi de suite.

4. Les lapins capturés par l'épervier se placent en ligne au milieu du jardin en se tenant la main, pour former une chaîne et gêner le passage des autres lapins. Le dernier lapin à être capturé devient le nouvel épervier, et tout peut recommencer.

ASTUCES

- Pour ne pas se faire capturer, il vaut mieux courir en zigzag.
- On peut faire marche arrière pour éviter l'épervier, mais il est interdit de retourner se réfugier dans le camp d'où l'on vient.

JEU DE MEMORY

MATÉRIEL

· papiers adhésifs de différentes couleurs · feuille de plastique rigide · modèles de silhouettes d'animaux (type gommettes) · ciseaux · règle

1. Sur la feuille de plastique, tracer et découper quatorze carrés de 9 cm de côté.

2. Au dos des papiers adhésifs, tracer et découper sept paires de carrés de couleurs différentes et quatorze carrés d'une même couleur pour le dos des pièces. Les découper.

3. Au dos des paires de couleur, reproduire sept paires de silhouettes d'animaux de couleurs différentes. Les découper.

4. Coller les silhouettes d'animaux sur les paires de carrés de couleur.

5. Coller les carrés à motifs sur les carrés de plastique, puis coller au dos du plastique les carrés de couleur identique.

6. Disposer tous les carrés face contre la table. Les joueurs doivent à tour de rôle les retourner deux par deux jusqu'à obtenir des paires d'animaux identiques. Le gagnant est celui qui a trouvé le plus de paires.

50

BONJOUR, MONSIEUR DUPOND !

JOUEURS

7 et plus

MATÉRIEL

- baguette
- casserole
- foulard pour les yeux

BUT DU JEU

Identifier un joueur d'après sa voix.

1. Tirer au sort M. Durand. Les autres joueurs se tiennent debout et forment un cercle. M. Durand se place au centre du cercle. On lui donne une baguette et une casserole, puis on lui bande les yeux.

2. Les joueurs commencent à tourner lentement en rond autour de M. Durand. Dès que celui-ci tape la casserole avec sa baguette, les autres joueurs s'immobilisent.

3. M. Durand pointe alors sa baguette dans une direction, en disant : « Bonjour, monsieur Dupond ! ». Le joueur désigné par la baguette doit, sans modifier sa voix, répondre : « Bonjour, monsieur Durand ! ».

4. Si M. Durand réussit à identifier M. Dupond, il marque 1 point et le joueur identifié prend la place de M. Durand, au centre du cercle.

JOUE AVEC LES OMBRES !

JOUEURS

1 et plus

MATÉRIEL

- lampe

1. Installer la lampe face au mur. L'allumer et éteindre toutes les autres lumières.

2. Bouger les mains dans le faisceau lumineux, entre la lampe et le mur : les silhouettes qu'elles dessinent vont se projeter sur le mur. Bien placer les doigts comme sur les dessins pour représenter des animaux.

52

LA COURONNE DU VAINQUEUR

Cette activité est à réaliser avec l'aide d'un adulte.

MATÉRIEL

- papier épais de différentes couleurs
- feuilles d'arbres
- peinture
- pinceaux
- bolduc
- agrafeuse
- ciseaux
- cutter
- crayon à papier
- règle

1. Mesurer le tour de tête. Sur du papier jaune, tracer une bande un peu plus longue de 6 cm. Tracer une ligne horizontale à 1,5 cm du bas et dessiner des triangles au-dessus de la ligne. Découper la couronne.

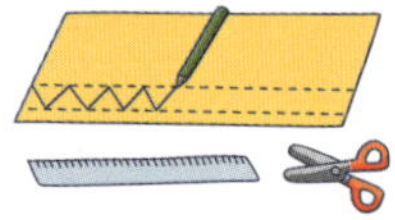

2. Choisir le côté des feuilles d'arbre présentant le plus de relief et l'enduire de peinture. Se servir des feuilles comme de tampons pour décorer les pointes de la couronne. Utiliser une feuille par couleur. Laisser sécher.

3. Fermer la couronne en agrafant les extrémités.

53

LE COLLIER DE FEUILLES

1. En suivant le même principe, utiliser des feuilles d'arbres enduites de peinture. Les tamponner sur des papiers de couleur. Laisser sécher.

2. Découper le papier autour des motifs en laissant une languette d'environ 2 cm de large au niveau de la tige. Découper deux petites encoches sur chaque languette pour y passer le bolduc.

3. Passer le bolduc dans les encoches pour enfiler les feuilles. Fermer le collier par un nœud.

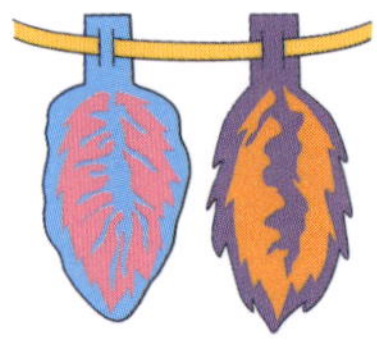

LA BALLE INFERNALE

54

JOUEURS

5 et plus

BUT DU JEU

Empêcher le ballon de passer entre ses jambes.

1. Les joueurs se placent tous en cercle, de dos, jambes écartées et pieds collés à ceux des voisins. Ils se penchent vers l'avant et joignent leurs mains, pour former avec leurs poings une sorte de maillet. Un joueur est tiré au sort et met la balle en jeu.

2. Dès qu'un joueur laisse passer la balle entre ses jambes, il doit retirer une de ses mains et la placer derrière son dos. Il n'a donc plus qu'une main pour frapper la balle.

3. La seconde fois qu'il la laisse échapper, il est éliminé et sort du cercle, qui se resserre.

4. À la fin, il ne reste plus que deux joueurs : ils se placent face à face, et les joueurs éliminés forment un mur de part et d'autre pour que le ballon reste bien au centre, entre les deux finalistes.

55 LES KANGOUROUS

MATÉRIEL

- sacs ou duvets

BUT DU JEU

La course en sac exige de l'équilibre pour arriver le premier sans chuter.

1. Après avoir enfilé leur sac ou leur duvet, les joueurs se placent les uns à côté des autres sur une ligne de départ.

2. Une fois le signal donné, ils avancent en sautant le plus vite possible vers la ligne d'arrivée.

3. Le joueur qui atteint le premier la ligne d'arrivée est proclamé vainqueur. Si deux joueurs arrivent en même temps, ils peuvent rejouer pour se départager.

À L'ÉTROIT

56

JOUEURS

8 et plus

MATÉRIEL

- grandes feuilles de papier journal

BUT DU JEU

Se tenir le plus possible à l'étroit avec les membres de son équipe.

1. Former des équipes de quatre joueurs. Disposer une grande feuille de papier journal sur le sol, à côté de chaque équipe.

2. Au signal, chaque équipe doit réussir à faire tenir ses membres sur cette feuille.
Toutes les positions sont autorisées, tant qu'aucune partie du corps ne touche le sol à l'extérieur de la feuille.

3. L'équipe gagnante est la première à réussir ce défi en tenant au moins 15 secondes.

DEVINETTES

57

1. Qu'est-ce qui est jaune, tout petit et qui fait « crac croc crac » ?

2. Quelle est la différence entre un chewing-gum et un avion ?

RÉPONSES : 1. un poussin qui mange des chips - 2. le chewing-gum colle et l'avion décolle.

58 LE CROQUE-PIRATE

MATÉRIEL

· 2 boîtes d'œufs · 6 bouchons · chiffres autocollants · peinture (gouache ou acrylique) · 1 feutre noir

1. Découper les boîtes d'œufs en deux puis coller les parties alvéolées dans les couvercles.

2. Peindre l'ensemble en s'inspirant du modèle : en rouge l'intérieur des alvéoles et en blanc les pointes pour imiter des dents.

3. Peindre les bouchons-pirates en alternant des bandes de couleurs (une bande pour le foulard, une pour le visage, une pour le maillot et une dernière pour le pantalon).

4. Rajouter les détails au feutre : yeux et sourcils du croque-pirate, visages et rayures des maillots des pirates.

5. Coller des chiffres à l'intérieur des alvéoles pour indiquer les points. Il y a deux façons de jouer : avec le bec du croque-pirate ouvert (facile) ou à moitié fermé (difficile, on double les points obtenus). D'une pichenette, il faut introduire le plus de pirates possible dans la gueule du monstre.

LA PYRAMIDE RELAIS

JOUEURS

6 et plus

MATÉRIEL

• gobelets en plastique ou autres objets pouvant être empilés • une petite table par équipe

BUT DU JEU

Construire une pyramide de gobelets le plus vite possible.

1. Former des équipes de trois joueurs minimum (les équipes doient comporter le même nombre de joueurs).

2. Installer autant de tables qu'il y a d'équipes à une extrémité de la pièce. Placer une pile d'environ vingt gobelets sur chaque table.

3. Les équipes se placent à l'autre bout de la pièce, loin des tables.

4. Au signal du départ, un joueur de chaque équipe se rend le plus vite possible à sa table et commence à monter une pyramide en plaçant un premier gobelet. Il retourne au plus vite vers son équipe et touche le joueur suivant pour lui passer le relais, et ainsi de suite jusqu'à ce que la pyramide soit construite et qu'il ne reste plus de gobelet.

5. Si un joueur fait tomber la pyramide, il doit la recommencer. La première équipe qui termine sa pyramide gagne la partie.

60

DRÔLES D'AVIONS

Cette activité est à réaliser avec l'aide d'un adulte.

MATÉRIEL

· bâtonnets plats d'esquimaux · bouchon de liège · cutter ou couteau · ciseaux · colle universelle liquide · peinture · pinceau · boutons · allumettes · punaise · papier de couleur

1. Récupérer ou acheter plusieurs bouchons de liège. Demander à un adulte de couper une rondelle de 5 mm dans chaque bouchon de liège avec un cutter ou un couteau. Couper le bout d'un bâtonnet à 2 cm pour faire la queue de l'avion. Couper deux autres bâtonnets à 1,5 cm pour fabriquer les ailerons de l'avion.

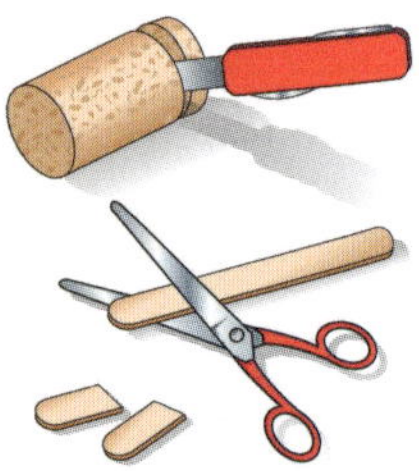

2. Coller la rondelle et la queue de l'avion entre deux bâtonnets plats. Bien laisser sécher. Coller un aileron de chaque côté de la queue. Maintenir le collage. Bien laisser sécher. Coller deux autres bâtonnets plats sur l'avion. Laisser dépasser la même longueur de bâtonnet de chaque côté. Bien laisser sécher.

3. Peindre les avions. Avec une autre couleur, peindre des rayures ou des taches. Bien laisser sécher.

4. Avec des ciseaux, couper cinq allumettes en morceaux de 2,5 cm de long.

5. Coller deux allumettes en triangle sous chaque aile. Les réunir avec l'allumette restante. Laisser sécher. Coller un bouton sur chaque triangle. Découper une hélice de papier et la fixer sur le bouchon avec la punaise.

TIC-TAC

JOUEURS

6 et plus

MATÉRIEL

• 2 foulards • 1 réveil à aiguilles

BUT DU JEU

Attraper le réveil avant son camarade.

1. Deux joueurs ont les yeux bandés. Le premier s'appelle Colin et l'autre Maillard.

2. Les deux joueurs s'agenouillent chacun dans un angle de la pièce.

3. Le réveil est posé au milieu de la salle, à égale distance des joueurs. Le gagnant est celui qui l'attrape le premier. Deux autres joueurs peuvent alors prendre la place de leurs camarades.

VARIANTE

Pour ce jeu, on peut aussi utiliser des objets complémentaires comme un crayon et un taille-crayon ou une cuillère et une fourchette, et les disperser dans la pièce. Au signal, les joueurs doivent retrouver les deux objets. Celui qui s'en empare le premier a gagné, mais si les joueurs en attrapent un chacun, ils ont perdu.

62

LES POTS EXTRATERRESTRES

MATÉRIEL

· pots de petits fromages frais (2 grands, 2 petits) · peinture acrylique · pinceaux · papier de soie · papier (vert clair et vert foncé) · colle blanche en bidon · graines (de différentes herbes) · terre · ciseaux · papier-calque · crayon à papier

1. Découper et retirer les bords des pots. Former des petites boulettes de papier de soie et les coller sur les pots pour les yeux.

2. Déchirer des morceaux de papier de soie. En recouvrir l'extérieur des pots en les collant. Laisser sécher la colle puis peindre les pots en vert et en turquoise. Peindre les yeux en blanc. Laisser sécher et peindre les détails (cils, nez, bouche).

3. Dessiner les mains, les bras, les pieds et les oreilles sur les papiers verts. Découper les éléments. Coller les mains sur les bras et les plier en accordéon.

4. Les coller sur les pots.

5. Remplir chaque personnage de terre et semer les graines d'herbes selon les indications du sachet.

6. Le pot terminé, l'enfant peut le rapporter chez lui et lorsque l'herbe aura suffisamment poussé, il pourra s'amuser à jouer au coiffeur.

DÉFIS FOUS

JOUEURS
4 à 6

BUT DU JEU

Se défier entre joueurs pour découvrir qui est le plus endurant !

TROTTINER COMME UN CHEVAL.

SAUTER LE PLUS HAUT POSSIBLE, CINQ FOIS DE SUITE.

S'ASSEOIR EN TAILLEUR ET SE RELEVER SANS L'AIDE DE SES MAINS.

DANSER SUR LA POINTE DES PIEDS COMME UN PETIT RAT DE L'OPÉRA.

FAIRE DIX BONDS EN ARRIÈRE.

TOURNER TROIS FOIS SUR SOI-MÊME SANS PERDRE L'ÉQUILIBRE.

SAUTER DIX FOIS À CLOCHE-PIED.

SE LEVER ET S'ACCROUPIR SANS S'ARRÊTER, PENDANT 1 MINUTE.

FAIRE LE TOUR DE LA PIÈCE EN MARCHANT AVEC LES JAMBES ET LES PIEDS TRÈS SERRÉS.

ET PLUS ENCORE

Inventer d'autres défis, faire marcher son imagination !

64 JACQUES A DIT

JOUEURS

3 et plus

BUT DU JEU

Veiller à ne pas se laisser troubler par le meneur, qui tentera de tromper les joueurs.

1. Le meneur de jeu fait face aux joueurs. Il leur donne des ordres qui ne doivent être exécutés que s'ils sont précédés de la formule « Jacques a dit ». Tout joueur qui se trompe est éliminé. Pour induire les joueurs en erreur, le meneur fait lui-même les gestes qu'il annonce.

2. Pour compliquer le jeu et éliminer plusieurs joueurs à la fois, le meneur peut donner rapidement une série d'ordres avec ou sans « Jacques a dit ».

3. Le dernier joueur qui reste gagne la partie.

65 CHARADE

Mon premier est le contraire de haut.
Mon deuxième est le contraire de rapide.
Mon troisième est le contraire de matin.
Les enfants aiment beaucoup être poussés sur mon tout.

RÉPONSE : balançoire (bas - lent - soir).

LE TUNNEL MAUDIT

JOUEURS

5 et plus

MATÉRIEL

· musique · 1 montre à trotteuse ou 1 chronomètre (on peut aussi compter dans sa tête)

BUT DU JEU

Ne pas être sous le tunnel lorsque la musique s'arrête.

1. Les joueurs se placent en file indienne, jambes écartées et mains posées sur les épaules de leur voisin de devant.

2. Au signal, le meneur de jeu lance la musique. Le joueur en queue de file doit alors se mettre à quatre pattes et remonter le tunnel sous les autres joueurs, le plus vite possible, et se relever au bout de la ligne.

3. Toutes les 90 secondes (1 min 30 s), le meneur éteint la musique. Le joueur qui se retrouve sous le tunnel à ce moment-là est éliminé.

Le dernier joueur restant a gagné !

67

PRÉNOM MIGNON

Cette activité est à réaliser avec l'aide d'un adulte.

MATÉRIEL

- modèles de lettres (revues ou journaux)
- carton gris
- peinture
- pinceau
- mousse en plaques de couleur
- lacet
- yeux mobiles
- papier-calque
- colle
- ciseaux
- cutter
- feutres (noir, rouge)

1. Découper les lettres choisies dans une revue. Les reporter sur le carton et les découper au cutter.

2. Peindre les lettres avec des couleurs vives. Passer deux couches en laissant sécher entre les deux.

3. Dessiner des animaux sur la mousse et les découper.

4. Ajouter les détails (bouche, rayures) au feutre, les yeux mobiles et deux ailes en papier-calque pour faire une abeille.

Pour un lapin avec des pattes, percer des petits trous comme sur le dessin ci-dessous et enfiler un bout de lacet de 10 cm en haut et un bout de 18 cm en bas. Enfiler les pattes et finir par un nœud.

5. Coller les animaux sur les lettres.

VOLEURS DE POULES

JOUEURS

3 et plus

MATÉRIEL

- 2 foulards
- 7 chaises ou tabourets
- 7 objets faciles à saisir

BUT DU JEU

Piller le poulailler avec les yeux bandés avant son adversaire.

1. Disperser les chaises et sur chacune d'elles poser un objet qui représente une poule.

2. Deux joueurs se portent volontaires pour jouer les voleurs. Leur bander les yeux.

3. Les voleurs partent à tâtons en quête de poules. Chaque fois qu'un des joueurs en trouve une, il la prend, laissant ainsi la chaise vide. En revanche, si la chaise est vide, le voleur y dépose l'une des poules qu'il a déjà volées et poursuit sa recherche.

4. Le voleur gagnant est celui qui, le premier, parvient à se saisir de quatre poules.

69 JEU D'ÉQUILIBRE

Cette activité est à réaliser avec l'aide d'un adulte.

MATÉRIEL

- rouleaux de papier toilette
- carton d'emballage
- carton fin
- drawing gum (à défaut, il est possible d'utiliser de la pâte à fixer)
- peinture acrylique
- pinceaux
- sable (ou gravillons)
- ciseaux
- cutter
- cuillère à soupe
- règle
- crayon à papier
- colle universelle liquide

1. Découper quelques rouleaux à différentes hauteurs. Tracer et découper des rectangles de 5 x 15 cm dans le carton d'emballage.

2. Tracer le contour des rouleaux sur le carton fin pour obtenir des rondelles. En découper deux par rouleau.

3. Coller une rondelle à une extrémité des rouleaux. Laisser sécher et verser une grosse cuillère à soupe de sable dans chaque rouleau. Fermer les tubes avec la deuxième rondelle.

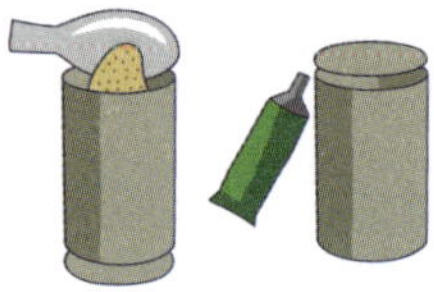

4. Peindre les rouleaux et les rectangles de carton avec une couleur unie. Laisser sécher.

5. Peindre des motifs au drawing gum sur les éléments en ayant pris soin de passer du savon sur les poils du pinceau au préalable. Laisser sécher.

6. Peindre chaque élément d'une autre couleur. Laisser sécher. Retirer le drawing gum en frottant avec les doigts.

7. Poser les pièces les unes sur les autres en variant les figures. Gare aux chutes !

LE TOTEM

Cette activité est à réaliser avec l'aide d'un adulte.

MATÉRIEL

• 4 grands cartons d'emballage de tailles différentes • peinture acrylique • pinceau brosse • papiers de couleur • colle universelle • ciseaux • cutter • balles en mousse (ou chaussettes enroulées) • compas • règle • crayon à papier • papier-calque

1. Retirer les étiquettes et adhésifs des cartons. À l'aide d'un compas et d'une règle, tracer des formes de découpes assez grandes sur l'une des grandes faces. Les évider au cutter.

2. Peindre l'extérieur de chaque carton d'une couleur différente. Laisser sécher.

3. Dans des papiers de différentes couleurs, tracer et découper des éléments géométriques pour décorer les cartons. Les coller.

4. Coller les cartons les uns sur les autres pour former un totem.

5. Dessiner plusieurs plumes sur du papier de couleur et les coller au sommet du totem.

6. Pour jouer, placer le totem le long d'un mur puis viser les trous avec des balles en mousse ou des chaussettes roulées en boule.

71 LES MAMANS ET LES BÉBÉS

JOUEURS

6 et plus

MATÉRIEL

- foulards

BUT DU JEU

Chaque maman doit retrouver l'unique bébé qu'elle possède.

1. Les joueurs se divisent en deux équipes égales comprenant des mamans et des bébés. Un bébé est attribué à chaque maman.

2. Les mamans ont les yeux bandés. Les bébés se dispersent dans la pièce et ne bougent plus.

3. Au signal de l'une des mamans, tous les bébés se mettent à crier « Maman ! » en même temps. Les mères doivent retrouver leur bébé au son de sa voix. La première qui y parvient a gagné.

ASTUCE

Ce jeu est encore plus drôle si l'on ne tient pas compte de l'âge et du sexe des joueurs. Ainsi, des garçons (ou des papas) peuvent aussi jouer le rôle des mamans.

LES POUSSINS

JOUEURS

7 et plus

MATÉRIEL

· foulard · cuillère en bois

BUT DU JEU

La mère poule doit reconnaître au moins l'un de ses poussins.

1. Tirer au sort le joueur qui jouera le rôle de la poule. Elle est debout, les yeux bandés, et tient une cuillère en bois dans une main. Les autres joueurs, les poussins, se dispersent et s'assoient.

2. La poule doit se déplacer lentement pour tenter de toucher ses poussins avec la cuillère. Mais les poussins peuvent se pencher pour l'éviter.

3. Si la poule touche l'un des poussins, elle peut le tâter en plusieurs endroits avec la cuillère pour tenter de le faire rire ou parler. Celui-ci ne doit se manifester que par des petits « piou-piou » !

4. Si la poule reconnaît l'un de ses poussins, ils échangent leurs places. Sinon elle continue sa recherche.

73

RONDS DE SERVIETTE

Cette activité est à réaliser avec l'aide d'un adulte.

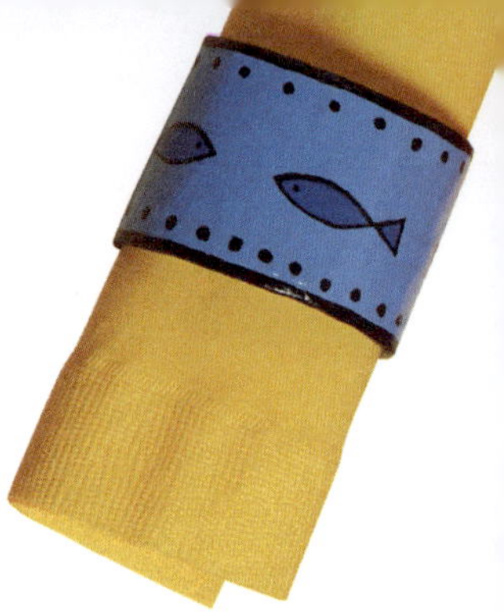

MATÉRIEL

- rouleaux d'essuie-tout et élastique
- papier journal
- papier mâché
- cordelette
- boules de cotillon
- règle
- cutter
- ciseaux
- colle
- crayon à papier
- gomme
- papier de verre fin
- peinture et pinceaux
- vernis (facultatif)

1. Passer un élastique à 4 cm de l'extrémité du rouleau d'essuie-tout. Marquer le tour du rond de serviette au crayon et découper.

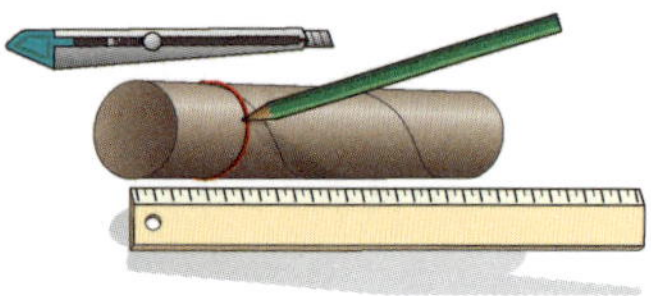

2. Pour les modèles en volume, coller de la cordelette ou des demi-boules de cotillon. Recouvrir le tout de petits morceaux de papier journal trempés dans la colle à papier mâché. Appliquer deux couches.

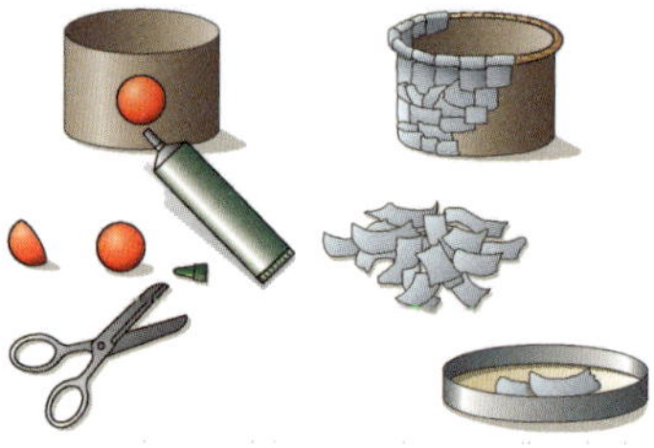

3. Laisser sécher la colle pendant une nuit. Peindre en blanc. Laisser sécher.

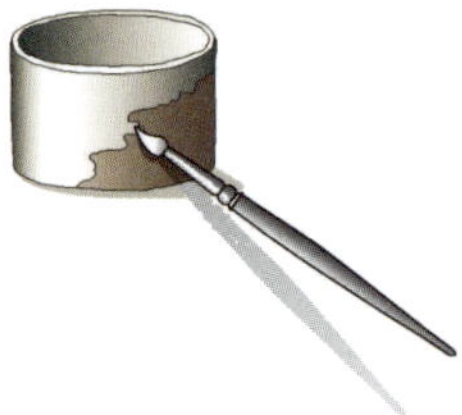

4. Peindre l'intérieur des ronds de serviette. Laisser sécher et, au besoin, poncer, puis appliquer une seconde couche. Tracer les motifs au crayon. Les peindre au pinceau fin en appliquant une seconde couche. Laisser sécher.

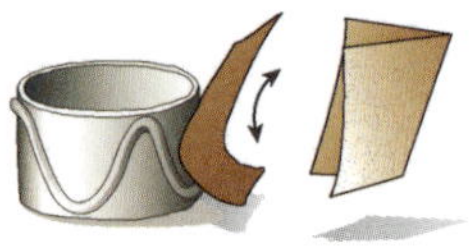

5. Compléter la peinture. Pour les modèles en volume, peindre la cordelette ou les boules de cotillon en prenant garde à ne pas dépasser. Bien laisser sécher. Vernir (facultatif).

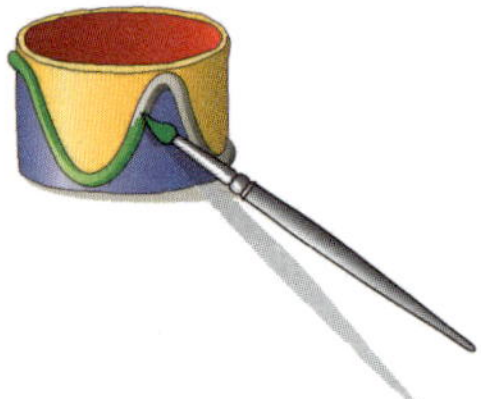

74

MINI-PUZZLES

Cette activité est à réaliser avec l'aide d'un adulte.

MATÉRIEL

- pâte autodurcissante
- papier d'aluminium
- couteau · règle · crayon
- peinture · pinceau
- rouleau à pâtisserie

1. Étaler une boule de pâte au rouleau sur du papier d'aluminium jusqu'à obtenir une galette de 1 cm d'épaisseur.

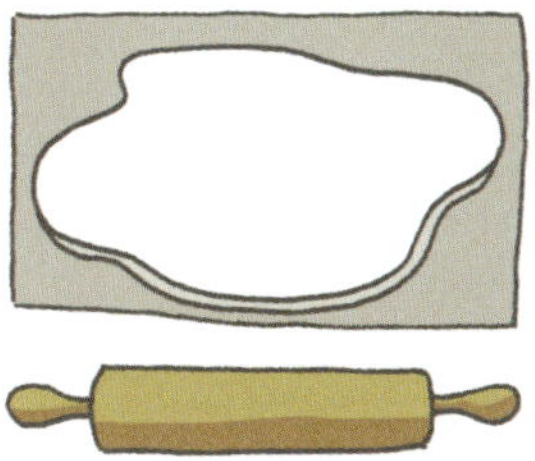

2. Découper un carré de pâte de 12 x 12 cm à l'aide du couteau. Puis découper le carré en six morceaux pour former les pièces du puzzle.

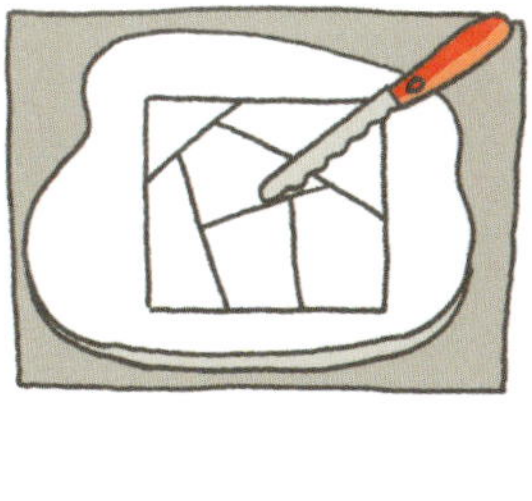

3. Avec la règle et le crayon, dessiner un contour en creux à 5 mm des bords. Bien laisser sécher la pâte.

4. Dessiner au crayon un motif sur la pâte sèche.

5. Peindre le motif central, puis le contour et la bordure, sans oublier les bords de chaque pièce. Laisser sécher.

75

LE BALLON SUSPENDU

JOUEURS

8 à 20

MATÉRIEL

- 1 ballon de baudruche ou 1 ballon léger par équipe

BUT DU JEU

Se passer rapidement le ballon sans qu'il tombe par terre.

1. Les joueurs s'assoient en cercle sur le sol.

2. Dans n'importe quel ordre, ils s'envoient le ballon, en le tapant avec une seule main. Le ballon ne doit jamais tomber à terre !

3. Le joueur qui manque le ballon ou qui l'attrape à deux mains commet une faute.

4. Le joueur qui a fait trois fautes est éliminé et le cercle se resserre.

76

CHARADE

Mon premier est un oiseau voleur.
Mon deuxième est comme une grosse souris.
Mon troisième se trouve dans le pain.
Mon dernier est un chiffre.
Mon tout est un monument égyptien.

RÉPONSE : pyramide (pie - rat - mie - deux).

LA LIGNE LA PLUS LONGUE

JOUEURS

7 et plus

BUT DU JEU

Construire la ligne la plus longue avec les objets que l'on porte sur soi.

1. Désigner (ou tirer au sort) un meneur de jeu. Celui-ci va former des équipes de trois personnes.

2. Au signal du départ, donné par le meneur, les joueurs de chaque équipe doivent tenter de créer la ligne la plus longue en utilisant uniquement ce qu'ils portent sur eux (vêtements, chaussures, montres, bijoux, mouchoirs, etc.) Tous les éléments doivent se toucher.

3. Au bout de 3 minutes, le meneur stoppe le jeu, compare la longueur des lignes et nomme l'équipe gagnante.

78 DRÔLES D'INSECTES

MATÉRIEL

· pinces à linge en bois · colle forte · règle · crayon à papier · peinture · boules de cotillon · papier · ciseaux

1. Fabriquer les ailes de libellules et de moustiques en assemblant quatre demi-pinces à linge horizontalement ou verticalement. Maintenir le collage quelques secondes et laisser sécher.

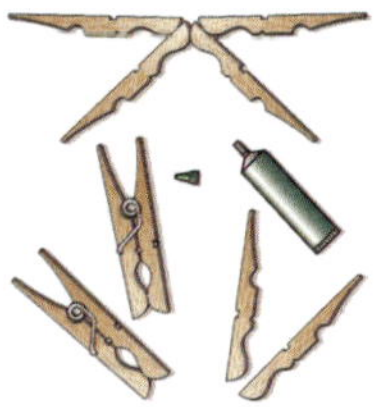

2. Pour faire le corps, coller une pince à linge sous les ailes des insectes. Laisser sécher. Fixer une demi-pince à linge sur le dos du moustique et une grande bande de papier de 10 cm de long sur le dos de la libellule.

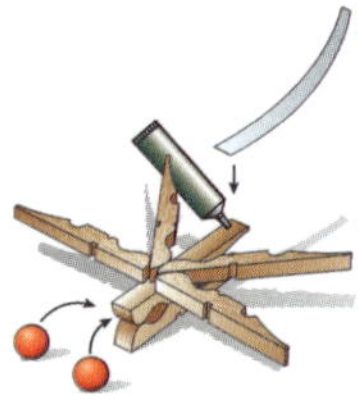

3. Fabriquer les yeux des libellules en collant deux boules de cotillon. Pour le moustique, découper puis coller sous le corps six pattes en papier de 9 cm de long et 2 mm de large.

4. Pour fabriquer des criquets, coller quatre demi-pinces dos à dos et les fixer sur le dessus d'une pince à linge. Découper deux antennes en papier. Les coller sur la tête du criquet.

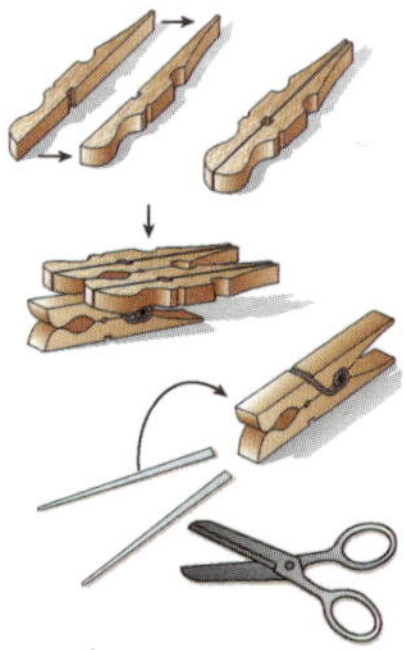

5. Pour une sauterelle, coller deux demi-pinces de chaque côté d'une pince à linge. Découper deux grandes antennes de papier et les coller sur la sauterelle.

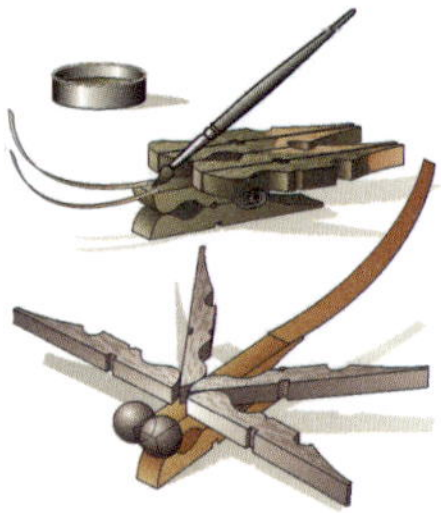

6. Bien laisser sécher les insectes. Les peindre avec de la peinture assez diluée dans des tons naturels. Bien laisser sécher.

DÉFIS DE CLOWNS

JOUEURS

4 à 6

BUT DU JEU

Se défier entre joueurs et découvrir lequel est le plus drôle !

TIRER LA LANGUE À GAUCHE ET CLIGNER DE L'ŒIL DROIT.

FAIRE LA PLUS BELLE GRIMACE.

SE FROTTER LE VENTRE TOUT EN SE TAPOTANT LA TÊTE.

APPLAUDIR DERRIÈRE SON DOS PENDANT 30 SECONDES.

TOUCHER SON MENTON AVEC SON GROS ORTEIL.

MONTRER SES BICEPS TOUT EN ROULANT DES ÉPAULES ET EN GONFLANT SES JOUES.

TOUCHER ALTERNATIVEMENT CHACUN DE SES GENOUX AVEC SON GROS ORTEIL.

FAIRE UN CŒUR AVEC SES POUCES ET SES INDEX, DANS CINQ POSTURES DIFFÉRENTES.

HAUSSER LES SOURCILS ET TIRER LA LANGUE VERS LE BAS.

CLIGNER ALTERNATIVEMENT DE L'ŒIL GAUCHE ET DE L'ŒIL DROIT TOUT EN GONFLANT LES JOUES.

80

JEU DE MASSACRE

Cette activité est à réaliser avec l'aide d'un adulte.

MATÉRIEL

- 4 rouleaux de papier toilette
- 4 rouleaux d'essuie-tout
- 4 bouchons en liège
- papier fort • carton fin
- sable • couteau • peinture
- pinceaux • yeux mobiles
- paires de chaussettes

1. Boucher les rouleaux en collant aux extrémités des rondelles découpées dans du carton fin. Avant de fermer le haut, les remplir avec du sable.

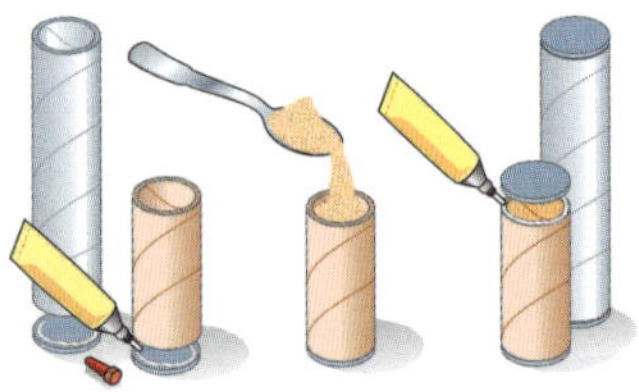

2. Avec un couteau, découper le nez et les oreilles des personnages dans les bouchons. Les coller sur les petits rouleaux.

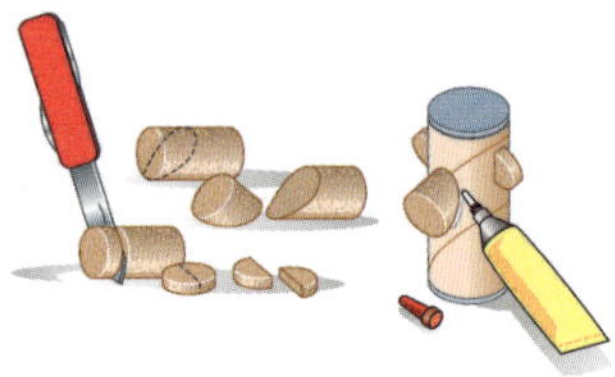

3. Tracer et découper des sourcils, des moustaches et des cicatrices dans du papier fort. Les peindre. Laisser sécher.

4. Peindre le corps et la tête des personnages en s'inspirant de la photo. Bien laisser sécher. Ajouter les motifs : têtes de mort, rayures, chevelures. Bien laisser sécher la peinture.

5. Coller les éléments du visage découpés. Fixer des yeux mobiles. Bien laisser sécher.

6. Pour faire la balle du jeu de massacre, rouler deux chaussettes l'une dans l'autre.

C'est parti pour faire tomber les pirates !

LE RIDICULE NE TUE PAS !

JOUEURS
4 à 6

BUT DU JEU

Relever le plus grand nombre de défis (et les réussir) !

MARCHER COMME UN BÉBÉ QUI FAIT SES PREMIERS PAS HÉSITANTS.

RAMPER COMME UNE LIMACE.

IMITER SIMPLET, L'UN DES SEPT NAINS DE *BLANCHE-NEIGE*.

TIRER LA LANGUE ET PARLER EN MÊME TEMPS.

SE DÉPLACER COMME UN CANARD PENDANT 20 SECONDES.

PLEURER COMME UN BÉBÉ QUI RÉCLAME SON BIBERON.

PARLER EN APPUYANT SON INDEX DANS SA BOUCHE POUR EMPÊCHER SA LANGUE DE BOUGER. LE TOUT SANS RIGOLER !

POUSSER LE CRI DE TARZAN PENDANT 15 SECONDES.

IMITER LE RIRE DIABOLIQUE D'UNE SORCIÈRE.

IMITER LE BRUIT D'UN CHIEN QUI LAPE L'EAU DE SA GAMELLE.

82

AU VOLEUR

JOUEURS

2

MATÉRIEL

· plateau ou table · petits objets (peigne, cure-dents, pièce de monnaie, bouton, gomme...)

BUT DU JEU

Trouver l'objet volé par le bandit.

1. Sur un grand plateau, disposer les objets. L'un des deux joueurs (le shérif) a 10 secondes pour les observer tous et, les mémoriser. Ensuite recouvrir les objets d'un grand foulard.

2. Le shérif ferme les yeux ou sort de la pièce. Pendant ce temps, le bandit (l'autre joueur) vole l'un des objets.

3. Le shérif revient ou rouvre les yeux et enlève le foulard qui recouvre les objets.

4. Il doit alors deviner en un temps donné quel objet a disparu. S'il échoue, le bandit a le droit de prendre un autre objet. S'il réussit, les joueurs échangent leur rôle.

ASTUCE

Varier le niveau de difficulté en donnant plus ou moins de temps au shérif pour observer et deviner.

CONCOURS DE BULLES

Cette activité est à réaliser avec l'aide d'un adulte.

JOUEURS

2 et plus

MATÉRIEL

Pour le produit à bulles

- 40 cl d'eau • 10 cl de liquide vaisselle
- 3 cuillerées à soupe de sucre semoule
- 1 cuillerée à soupe de fécule de maïs

Pour l'anneau

- des bouteilles en plastique ou de la ficelle
- 2 baguettes

BUT DU JEU

Faire la plus grosse bulle.

1. Dans une partie de l'eau, diluer la cuillère à soupe de fécule de maïs et les cuillerées de sucre en poudre. Ajouter les 10 cl de liquide vaisselle et le reste de l'eau, sans trop remuer pour éviter la mousse.

2. Pour préparer l'anneau, deux possibilités :

- La première : se procurer une grande bouteille d'eau et la couper dans le sens de la largeur à l'aide d'une paire de ciseaux. Il reste le bas de la bouteille, ainsi que le haut en forme d'entonnoir. Attention ! Ne pas laisser de pointe mal coupée.
  Pour former les bulles, tremper la bouteille dans la préparation liquide et souffler par le goulot.
- La deuxième : se munir de ficelle (à rôti, par exemple) et en couper deux morceaux l'un de 50 cm et l'autre de 1 m de long. Ensuite, nouer les extrémités des ficelles aux extrémités des baguettes, de façon à obtenir un « cerceau » de ficelle au bout des deux baguettes. Pour créer les bulles, laisser les cordes tremper dans le liquide et remuer délicatement, puis laisser le vent souffler à votre place, pour voir apparaître la plus grande bulle possible !

3. Admirer toutes les belles couleurs qui se reflètent à la surface des bulles !

84 PÊCHE À LA LIGNE

Cette activité est à réaliser avec l'aide d'un adulte.

MATÉRIEL

· boîte de 6 œufs vide en carton · papier crépon de différentes couleurs · élastiques · peinture acrylique · pinceaux · papier blanc · feutre noir · pique à brochette en bois · ficelle · petit crochet en fer · 6 trombones · papier d'aluminium · ciseaux · colle universelle liquide

1. Peindre l'intérieur de la boîte à œufs en vert et en bleu, puis l'extérieur en rouge. Laisser sécher entre les applications de couleurs.

2. Modeler six boules de papier d'aluminium d'environ 3,5 cm de diamètre. Les envelopper dans des carrés de crépon de différentes couleurs.

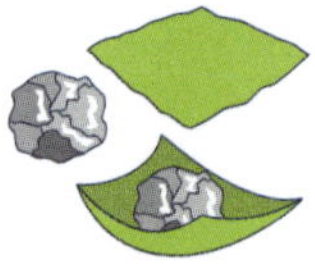

3. Refermer avec un élastique et couper l'excédent de papier en laissant environ 2,5 cm pour la queue.

4. Découper des yeux en papier blanc et dessiner la pupille au feutre noir. Les coller sur les poissons. Enfiler un trombone sur chaque élastique.

5. Découper une longue bande de papier crépon marron de 1 cm de large. Coller une extrémité à la base de la pique en bois et commencer à l'enrouler autour.

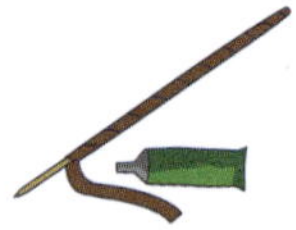

6. Insérer un bout de ficelle de 30 cm avant de finir d'enrouler la bande de papier. Terminer d'enrouler la bande et coller son extrémité. Nouer un crochet à l'extrémité de la ficelle.

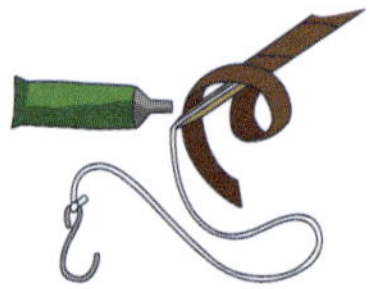

7. Placer les poissons dans la boîte. La partie de pêche peut commencer !

LA COURSE À L'AVEUGLE

JOUEURS

5 et plus

MATÉRIEL

- foulards

BUT DU JEU

Guider un « aveugle » pour se rendre le plus vite possible dans une autre pièce.

1. Désigner (ou tirer au sort) un meneur de jeu.

2. Former des équipes de deux joueurs. Bander les yeux d'un des membres de chaque équipe : il sera « l'aveugle », et l'autre sera le guide.

3. Le meneur choisit une pièce de la maison où devront se rendre les équipes. Les guides (mais pas les aveugles) qui ne connaissent pas bien la maison ont le droit de se rendre dans la pièce au préalable, accompagnés du meneur de jeu. Ce peut être une pièce à l'autre bout de la maison, à l'étage, etc.

4. Au signal du départ, chaque guide conduit son aveugle dans la pièce choisie, en lui donnant uniquement des indications orales, sans le toucher, sous la surveillance du meneur de jeu.

5. L'équipe gagnante est la première à entrer dans la pièce choisie. Si l'un des guides touche, pousse ou tient son aveugle, l'équipe est éliminée.

LA MOMIE

JOUEURS

Nombre pair : 4 et plus

MATÉRIEL

- papier toilette

BUT DU JEU

Être la première équipe à terminer sa momie.

Former des équipes de deux joueurs. Au signal, chaque joueur emmaillotte le plus vite possible son coéquipier de papier toilette, jusqu'à le faire ressembler à une momie. Attention tout de même à ménager un petit espace au niveau du nez et des yeux pour qu'il puisse respirer et voir.

RIBAMBELLES

MATÉRIEL

- papier de couleur
- ciseaux · règle
- crayon à papier
- gommettes · papier blanc fin · feutres

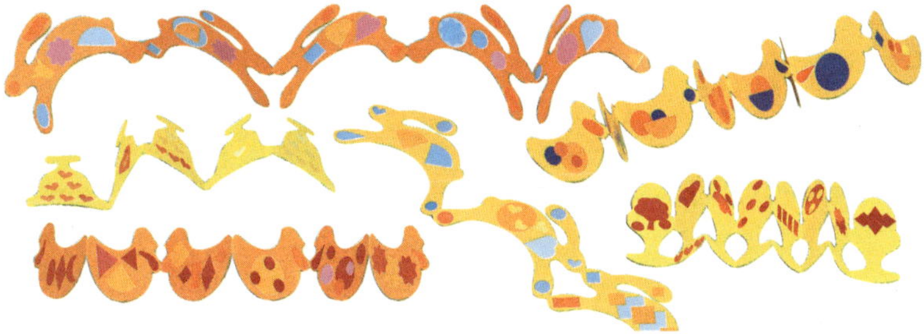

1. Sur du papier de couleur, tracer et découper des bandes de 10 cm de haut et entre 40 et 60 cm de long.

2. Dessiner un motif au bord d'une bande de papier.

3. Plier la bande en accordéon à la limite du motif. Bien appuyer pour marquer les plis. Maintenir la bande serrée dans une main.

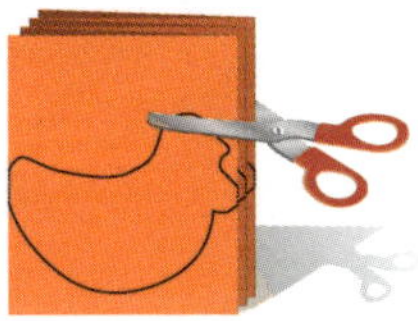

4. Découper toutes les épaisseurs en même temps. Pour que les formes se raccordent, ne pas découper les parties collées au bord de la feuille.

5. Déplier. Décorer un côté des ribambelles avec des gommettes. Varier les décors en utilisant différentes couleurs ou en superposant des gommettes géométriques.

Enfin, accrocher les guirlandes pour décorer la maison !

88

HOCHETS DE FÊTE

Cette activité est à réaliser avec l'aide d'un adulte.

MATÉRIEL

· rouleau en carton de papier cadeau · papier d'aluminium · papier crépon de différentes couleurs · ciseaux · crayon à papier · ruban adhésif · règle

1. Pour le manche, demander à un adulte de mesurer et de couper un tronçon de rouleau en carton de 23 cm de long.

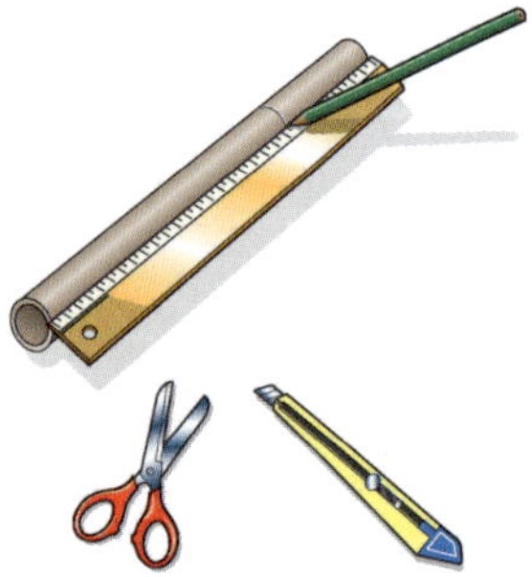

2. Découper une bande d'aluminium ou de crépon de 15 à 30 cm. L'enrouler autour du rouleau. La scotcher. Rabattre les deux extrémités à l'intérieur du rouleau.

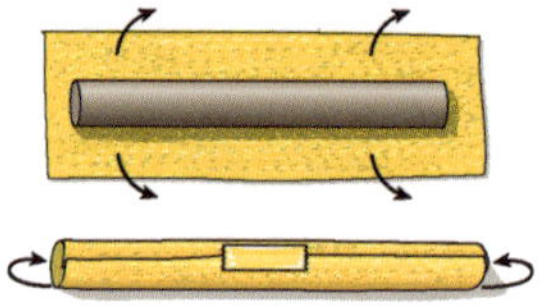

3. Découper un rectangle de papier crépon de 60 × 50 cm. Découper des franges de chaque côté en laissant 10 cm intacts au milieu.

4. Former un rouleau. Le plier en deux. L'enfoncer dans le manche.

Quand chacun a terminé son hochet, en avant la musique, c'est parti pour la parade !

LE JEU DES ANNEAUX

JOUEURS

2 et plus

MATÉRIEL

- 5 assiettes en carton
- 3 bouteilles en verre vides
- ciseaux

BUT DU JEU

Être le plus habile au lancer d'anneaux.

1. Ôter le centre des assiettes en le découpant avec des ciseaux afin de ne conserver que le bord pour faire des anneaux.

2. Poser les trois bouteilles sur le sol, l'une derrière l'autre, en les espaçant de 50 cm.

3. Se placer à environ 2 m des bouteilles. À tour de rôle, chaque joueur doit lancer les anneaux pour les enfiler sur les bouteilles.

4. Compter 10 points pour la bouteille la plus proche, 20 points pour celle du milieu et 30 points pour la plus éloignée.

5. Le gagnant est celui qui remporte le plus grand nombre de points.

90

LES SORCIERS

JOUEURS
5 à 30

BUT DU JEU

Parmi les joueurs se cachent de perfides sorciers. Mais personne ne sait qui ils sont… Il faut les trouver !

1. Tous les joueurs, sauf le meneur, forment un cercle et ferment les yeux.

2. Le meneur circule autour des joueurs et désigne les « sorciers » en leur effleurant discrètement le dos. On compte à peu près un sorcier pour cinq joueurs.

3. Au signal du meneur, tous les joueurs ouvrent les yeux et se promènent tranquillement dans la pièce. Les sorciers doivent alors toucher les autres joueurs pour les pétrifier.

4. Chaque joueur touché s'immobilise. Les sorciers finiront donc par être démasqués, mais les joueurs encore libres peuvent délivrer les joueurs pétrifiés par une accolade.

5. Pour entamer une nouvelle partie, tous les joueurs ferment les yeux et le meneur désigne de nouveaux sorciers.

STOP-ÉCLAIR

91

JOUEURS

6 à 16

MATÉRIEL

• balle • craie

BUT DU JEU

Faire des passes rapides en gardant les pieds cloués au sol.

1. Tracer un grand cercle au sol à l'intérieur duquel se tiennent tous les joueurs.

2. Un meneur lance une balle en l'air. Les autres se sauvent hors du cercle. Dès que le meneur a rattrapé sa balle, il s'écrie : « STOP ! » et tous s'immobilisent.

3. Le meneur lance la balle à un joueur, crie le nom de celui à qui ce joueur doit la passer et ainsi de suite. C'est ainsi le meneur qui dicte les passes : plus vite, il donne les noms, plus le jeu est difficile.

QUI SUIS-JE ?

92

1.
ON M'OFFRE EN FRANCE POUR LE 1ER MAI. JE SUIS...

2.
JE SUIS UN OISEAU ET JE CROASSE. JE SUIS...

3.
JE SONNE ET VOUS PARLEZ. JE SUIS...

4.
ON ME REGARDE LE MATIN POUR SAVOIR SI JE SUIS LE PLUS BEAU OU LA PLUS BELLE. JE SUIS...

RÉPONSES : 1. le muguet - 2. le corbeau - 3. le téléphone - 4. le miroir.

93

LES DUOS CHANTEURS

JOUEURS

6 et plus

MATÉRIEL

- foulards

BUT DU JEU

Rechercher les yeux bandés son duettiste pour chanter à l'unisson.

1. Former des duos de joueurs, qui choisissent alors discrètement une chanson.

2. Au signal du meneur, les joueurs se bandent les yeux et se mélangent.

3. Au second signal, chacun tente de trouver son partenaire en chantant tout doucement l'air convenu. Dès qu'un duo parvient à se former, il se retire du jeu et va s'asseoir.

4. Lorsque tous les duos sont assis, le meneur de jeu demande à chacun d'eux de fredonner leur chanson. Les autres joueurs doivent alors en deviner le titre.

94

DEVINETTE

Un pou et une fourmi font la course.
Qui arrivera en premier ?

RÉPONSE : Le pou car il est toujours en tête.

COLIN-MAILLARD

JOUEURS

5 et plus

MATÉRIEL

• foulard

BUT DU JEU

Attraper un joueur et tenter de l'identifier, les yeux bandés.

1. Tirer au sort un joueur (Colin) et lui bander les yeux.
Le faire tourner sur lui-même pour qu'il perde le sens de l'orientation.

2. Les autres joueurs se dispersent et tournent autour de lui.

3. Colin doit tenter d'attraper un joueur et l'identifier en le tâtant.
S'il réussit, c'est le joueur identifié qui devient Colin ; sinon le jeu continue tant que Colin n'a pas réussi.

ATTENTION !

Il est conseillé de débarrasser la pièce d'éventuels obstacles. Si, malgré tout, Colin s'approche d'un obstacle, les autres joueurs peuvent le prévenir en criant : « Attention au pot ! »

VARIANTE

On accroche une ficelle (d'environ 1 m) dans le dos de Colin avec un sifflet à son extrémité. Les joueurs se divisent en deux équipes et chacun va essayer à tour de rôle de souffler dans le sifflet sans se faire toucher. Chaque coup de sifflet rapporte 1 point à l'équipe. Si Colin touche le joueur avant le coup de sifflet, c'est l'équipe qui perd 1 point.

96

LE CHEF D'ORCHESTRE

JOUEURS

10 et plus

BUT DU JEU

Observer attentivement les joueurs pour découvrir le chef d'orchestre.

1. Les joueurs sont assis en cercle. L'un d'eux sort de la pièce. Pendant ce temps, les autres choisissent leur « chef d'orchestre », qui restera à sa place.

2. Sans aucun signal, le chef d'orchestre mime successivement différents instruments de musique (tambour, trompette, guitare, flûte, violon...). Les autres joueurs l'imitent en le regardant discrètement.

3. Le joueur qui s'est absenté revient. Pour découvrir qui ordonne les changements d'instrument, il regarde attentivement tous les joueurs. Il peut faire trois propositions. S'il se trompe, il sort à nouveau de la pièce et un autre chef est désigné. Sinon il échange sa place avec le joueur de son choix.

97

QUI SUIS-JE ?

1.
ON ME TROUVE DANS LE NOYER. JE SUIS...

2.
ON NE DOIT PAS ME PERDRE POUR POUVOIR RENTRER CHEZ SOI. JE SUIS...

3.
DE FORME RONDE. CERTAINS ME FRAPPENT DU PIED, D'AUTRES DE LA MAIN. JE SUIS...

RÉPONSES : 1. la noix - 2. la clé - 3. le ballon.

BALLES SONORES

Cette activité est à réaliser avec l'aide d'un adulte.

MATÉRIEL

· 3 petits ballons de baudruche · papier journal · colle blanche · pinceau plat · papier de soie (rose, vert, violet, bleu) · grelots · grosses perles et légumes secs · ciseaux

1. Gonfler les ballons à trois tailles différentes. Les déformer pour qu'ils soient le plus ronds possible et les fermer avec un nœud.

2. Diluer de la colle vinylique avec un peu d'eau. Puis encoller des bandes de papier journal.

3. Recouvrir les ballons avec les bandes de papier en les croisant. Laisser dépasser le nœud. Poser

plusieurs couches de papier en laissant sécher à chaque fois.

4. Une fois le papier bien sec, percer les ballons et les retirer.

Placer dans chaque balle des grelots, de grosses perles ou des légumes secs

5. Boucher les trous avec des

bandes de papier journal, puis recouvrir les balles de plusieurs couches de papier de soie.

6. Déchirer de fines bandes de papier de soie d'une autre couleur et les coller en spirale sur les balles pour décorer. Laisser sécher.

99

OLYMPIADES

JOUEURS

Nombre pair :
6 et plus

MATÉRIEL

- 1 chronomètre
- des objets pour créer des obstacles
- des crayons, etc.

BUT DU JEU

Remporter le plus d'épreuves possible et décrocher la médaille d'or !

1. Chaque joueur ou chaque équipe de joueurs décide du pays qu'il ou elle représentera lors de la compétition.

2. Définir les épreuves qui composeront les Olympiades : on peut créer les épreuves soi-même ou bien se servir des jeux qui se trouvent dans ce livre, comme «Les kangourous » (activité 55) ou bien « La course à l'aveugle » (activité 85).

3. Les épreuves peuvent faire appel à l'agilité, à la vitesse, à l'intelligence, aux réflexes… Varier les activités permettra à tout le monde de s'amuser !

4. À la fin de chaque épreuve, noter le classement des joueurs ou des équipes et annoncer le podium !

5. Pour que chaque joueur soit satisfait de sa performance, on peut créer d'autres prix spéciaux à décerner, comme le prix du joueur le plus original ou le prix du joueur le plus imaginatif, etc.

BONUS

Pour être facilement identifiables, les participants peuvent s'habiller aux couleurs du pays qu'ils souhaitent représenter !

LES OREILLARDS

JOUEURS

6 et plus

MATÉRIEL

- journal
- ficelle
- chaises

BUT DU JEU

Réagir à la menace d'un chasseur en agitant ses oreilles pour détourner le trajet de la balle.

1. Fabriquer le fusil : rouler le journal et le maintenir serré à l'aide de la ficelle.

2. Les joueurs s'assoient en cercle sur les chaises. Ils représentent les lapins. Seul le chasseur se tient debout au centre du cercle.

3. Le chasseur vise un lapin avec le fusil et crie « Pan ! ». Le joueur visé doit brusquement tenter de détourner la balle en levant les mains pour simuler des oreilles de lapin. Ses deux voisins-lapins réagissent aussi en agitant une seule oreille : celle qui se trouve du côté du lapin visé.

4. Puis, tout de suite, le chasseur tire vers un autre joueur en criant « Pan ! ». Tout lapin qui se trompe d'oreille ou qui ne réagit pas assez vite est éliminé : il s'assoit par terre.

5. Plus les joueurs éliminés sont nombreux, plus les voisins sont éloignés les uns des autres et plus la partie est difficile.

Ont participé à cet ouvrage :

Auteurs

Nathalie Auzeméry : 58, 68, 73 ; Maïté Balart : 4, 43 ; Brigitte Bellac : 6, 10, 11, 12, 13, 16, 18, 21, 24, 31, 33, 39, 41, 45, 46, 70, 75 ; Christophe Boncens : 42, 52, 53, 60, 70 ; Denis Cauquetoux : 5, 8, 69, 78, 80 ; Marie Chevalier : 88 ; Clobulle : 47 ; Béatrice Égémar : 1, 29, 35, 38, 51, 82 ; Laure du Fay : 60 ; Mayumi Jezewski : 84 ; Pierre Lecarme : 3, 6, 7, 13, 14, 15, 17, 26, 55, 59, 64, 71, 72, 90, 94, 96, 100 ; Fanny Mangematin : 9 ; Céline Markovic : 87 ; Valérie Monnet : 20, 30, 34, 40, 50, 55, 61, 65, 77, 85, 89, 95 ; Emmanuelle Petit : 2, 23, 25, 28, 32, 36, 48, 53, 63, 86 ; Françoise Perrocheau : 44, 49, 67, 74, 98.

Illustrateurs

Aurélie Blard-Quintard : 1, 29, 35, 38, 51, 82 ; Laurent Blondel : 58, 80 ; Christophe Boncens : 5, 8, 42, 52, 53, 60, 69, 70, 84 ; Corinne Bongrand : 13, 19, 46, 85 ; Michel Conversin : 7, 15 ; Christine Donnier : 24 ; Laure du Fay : 60 ; Catherine Hélye : 43 ; Caroline Hesnard : 14, 16 ; Cécile Hudrissier : 18, 33, 41, 45 ; Sway – Cécile Lechevalier : 2, 23, 25, 28, 32, 36, 48, 53, 63, 86 ; Fabrice Léoszewski : 34, 40, 61, 89, 95 ; Juliette Levéjac : 10, 11, 12, 31, 55, 59, 90 ; Marie Ligier de Laprade : 2, 23, 25, 28, 32, 36, 48, 53, 63, 86 ; Lisa Mandel : 39, 71, 100 ; Gilles Poing : 9, 86 ; Thibaud Rassat : 2, 23, 25, 28, 32, 36, 48, 53, 63, 86 ; Léonie Schlosser : 4, 65, 73, 78, 88.

Couverture : © Shutterstock

Direction : Guillaume Arnaud, Guillaume Pô
Direction éditoriale : Emmanuelle Braine Bonnaire
Éditrices : Charlotte Walckenaer, Anaïs Rougale
Gestion éditoriale : Béatrix Lot
Relecture : Karine Elsener
Direction artistique : Élisabeth Hébert, assistée de Bleuenn Auffret
Conception graphique : Les PAOistes
Direction de fabrication : Thierry Dubus
Fabrication : Florence Bellot

www.fleuruseditions.com
ISBN : 9782215138174
MDS : 592 746
N° d'édition : 018068

« Loi n° 49-956 du 16 juillet 1949 sur les publications destinées à la jeunesse. »

Achevé d'imprimer en mai 2018 par Toppan Leefung en Chine
Dépôt légal : juin 2018.

FLEURUS